통상임금 소송에서

신의칙 적용 판단기준

김 희 성 · 성 대 규 공저

끝나지 않은 통상임금 혼란, 지금도 계속되고 있는 통상임금 추가 법정수당 청구소송들 그리고, 극명하게 상충되는 1심과 2심의 판결들

이 책에서는 통상임금 소송에서 신의칙이 적용되기 위한 '원칙적-예외적인 법률적 판단규준'을 확정 제시 하였으며 제시한 기준에 따라서 하급심 판결들을 분석하였다.

(주)중앙경제

통상임금 소송에서
신의칙 적용 판단기준

초판인쇄 2019년 1월 11일
초판발행 2019년 1월 17일

지 은 이 김 희 성 / 성 대 규
펴 낸 이 김 남 진
펴 낸 곳 (주) 중앙경제
내지디자인 이 지 훈
표지디자인 한 지 희

주 소 서울시 중구 다산로 11길 19(신당2동 355-8)
백석빌딩 신관 4층
전 화 02)2231-7293
팩 스 02)2235-5344
홈페이지 www.elabor.co.kr
출판등록 80.6.21 제 2-66호

ISBN 978-89-7017-412-9 (93330)
정 가 15,000원

통상임금 소송에서 신의칙 적용 판단기준

김 희 성 · 성 대 규 공저

(주)중앙경제

머리말

2013년 12월 18일 대법원은 전원합의체 판결을 통해서 당시까지 모호했던 통상임금의 판단 기준을 보다 명확하게 제시하였고, 그에 따라 정기상여금이 통상임금에 포함됨을 확인하였다. 문제는 대법원 전원합의체 판결 이전에는 관행적으로 통상임금에서 배제되어 왔던 정기상여금이 대법원 전원합의체 판결 이후 통상임금으로 확인됨으로써, 그로 인해 발생하게 된 대법원 전원합의체 판결 이전의 「추가 법정수당에 대한 청구권」이 인정될 수 있을 것인가 하는 점이다. 이와 관련해서는 무엇보다 단체협약을 통해서 임금에 대한 노사 간의 합의가 이미 이루어졌으나, 이후에 그 합의가 강행법규에 위반되는 것으로 확인되었고, 이에 그 합의가 강행법규에 위반되는 것임을 합의의 일방당사자가 주장하여 그때서야 비로소 이전의 합의 당시에는 전혀 예측할 수 없었던 추가 법정수당을 청구하는 것이 신의성실의 원칙(=신의칙, Treu und Glauben)에 위배되어 인정될 수 없는 것은 아닌지 문제된다.

대법원 전원합의체 판결은 이 문제의 해법으로서 '강행법규' 위반 시에 신의칙이 적용될 수 있는 '원칙적인 3가지 일반 요건'과 '예외적인 4가지 특별한 사정'을 제시하고 있다. 동 전원합의체 판결 이후의 하급심을 포함한 대부분의 판결들이 그와 같은 일반 요건 3가지와 특별한 사정 4가지를 신의칙 적용 가부의 판단 기준으로 삼고 있지만, 특히 이들 판결들은 대체로 「경영적인 지표」에 의존하여 강행법규 위반 시에 신의칙의 적용 가부를 판단하고 있다.

주지하다시피 대법원 전원합의체 판결 이후 추가 법정수당 소송이 계속해서 이어지고 있다. 그런데 추가 법정수당 청구가 인정된 사건들에서는 오히려 근로자와 사용자 간 오랜 공생·협력의 신뢰관계가 파괴되고, 사용자 측은 도리어 추가 법정수당이 인정됨으로써 중대한 경영상의 어려움 내지 기업존립의 위태로움을 겪어야 하는 실정이다. 더욱이 추가 법정수당 사건을 담당하는 하급심들이 추가 법정수당을 인정함에 있어서 '중대한 경영상의 어려움' 내지 '기업존립의 위태로움'을 마치 절대적 판단기준으로 여겨 청구권의 인정 가부를 판단하고 있다는 점에서 문제는 더욱 심각하다. 주요 하급심 판결들에서 현실적으로 나타나듯이, 동일한 경영상의 지표에 근거함에도 불구하고 당해 사건을 바라보는 법관의 자의적인 판단에 의해서 제1심과 제2심이 극명하게 상충하는 판결을 내리고 있다. 요컨대 이러한 결과는 필연적으로 법질서의 근간인 법적 안정성과 신뢰보호를 심각하게 침해하게 되며, 이는 곧 법질서 전체를 파괴하는 결과를 낳을 수밖에 없다.

이러한 대혼란의 주된 원인은 하급심 판결들이 추가 법정수당 청구 사건에서 대법원 전원합의체 판결이 제시하는 '강행법규 위반 시에 신의칙이 적용되기 위한 판단기준'을 잘못 이해하거나 경솔하게 적용하고 있기 때문이다. 특히 추가 법정수당 청구로 인해 사용자 측에 야기될지도 모를 '중대한 경영상의 어려움'이나 '기업존립의 위태로움'은 단지 '사후적이고 외부적이며 파생적인 우연한 사정 내지 사실관계'일 뿐임에도 불구하고, 이를 하급심들이 마치 청구권 인정 가부의 절대적 판단기준인 것처럼 원용하고 있는 것이다. 즉 하급심들은 강행법규 위반 시에 신의칙의 적용 가부를 판단하기 위해서 「신의칙의 본질」을 판단규준으로 삼지 아니하고, 우연성(Zufälligkeit)을 그 본질로 하는 '중대한 경영상의 어려움'이나 '기업존립의 위태로움'의 야기 여부를 판단규준으로 삼고 있는 것이다. 이러한 이유에서 적어도 그와 같은 판단태도를 가지고 있는 하급심들은 당연히 혼란을 겪을 수밖에 없고, 이는 법적 안정성을 해치게 되며, 법원에 의해서 보호되고 지켜져야 할 노사 양 당사자 간의 신뢰관계가 오히려 법원에 의해서 파괴되고 있다. 요컨대 그와 같은 하급심들의 판단기준과 태도는 반드시 지양되어야 하는 것임에 틀림없다.

이러한 문제의식을 토대로 이 책에서는 우선 대법원 전원합의체 판결을 올바르게 이해한 후에 무엇보다 통상임금 소송에서 강행법규 위반 시에 신의칙이 적용되기 위한 「원칙적-예외적인 법률적 판단규준」을 확정하였으며, 마지막으로 그러한 통일적인 판단기준에 따라서 통상임금 소송에 대한 하급심 판결들을 분석하였다. 대법원 전원합의체 판결이 제시하는 '강행법규 위반을 전제로 한 신의칙(모순행위금지원칙)의 적용 요건'을 신의칙의 본질에 근거하여 이해하고 해석한 바대로 정당하게 받아들일 때, 신의칙 및 (특히) 모순행위금지원칙에 대한 하급심의 혼란 또한 종식될 것이라는 인식이 이 책의 연구 목적이자 귀결점인 것이다.

이 책을 완성하는 데 약 1년의 시간과 노력이 소요되었다. 책의 쪽수로는 그다지 많은 양이 아님에도 불구하고 상당한 시간과 노력이 들어간 것은 신의칙의 본질에 대한 탐구작업의 어려움 때문이었다. 전체 법질서 내에서 차지하는 신의칙의 위상의 무게감이 저자에게는 부담으로 다가와, 신의칙의 본질에 대한 체계적이고 비교법적인 연구가 선행되어야 했음을 지면을 빌려 밝혀 둔다.

끝으로 대내외적으로 어려운 출판사정에도 불구하고 이 책의 발간을 결정해 주시고 도와주신 중앙경제사의 김태윤 상무님과 이 책의 편집의 완성도를 높여 주신 이지훈 대리님께 감사의 말씀을 전한다.

아무쪼록 이 책이 통상임금 소송에 있어서 관련 당사자들에게 대법원 전원합의체 판결을 올바르게 이해할 수 있는 기준을 마련하고, 무엇보다 법원의 정당한 판단기준을 제시할 수 있는 디딤돌이 될 수 있기를 바란다.

2019년 1월 5일

봄내골 뒤뜰에서 **김희성 · 성대규**

책의 목차

제1장 서 론

I 연구의 배경과 목적

2013년 12월 18일 대법원은 전원합의체 판결(대법원 2013.12.18. 선고 2012다89399 전원합의체 판결)을 통해 통상임금의 인정기준을 제시하였다. 동 전원합의체 판결에 따르면, 통상임금으로 인정되기 위해서는 당해 임금이 소정근로의 대가로서 정기적·일률적·고정적으로 지급될 것이 요구된다. 동 전원합의체 판결은 이러한 판단기준에 근거하여 특히 정기상여금이 통상임금에 포함된다는 점을 확인하였다. 문제는 「동 전원합의체 판결 이전에는 관행적으로 통상임금에서 배제되어 왔던 정기상여금이 동 전원합의체 판결 이후 통상임금으로 확인됨으로써, 그로 인해 발생하게 된 동 전원합의체 판결 이전의 '추가 법정수당에 대한 지급청구권'이 인정될 수 있을 것인가」하는 점이다.

여기에서 문제의 핵심은 이른바 '강행법규 위반에 있어서 신의칙의 적용 가부'에 있다. 즉 ① 단체협약을 통해서 임금에 대한 노사 간의 합의가 이미 오랫동안 각 당사자들의 이익을 위해서 모순 없이 이루어져 왔으나, ② 이후 어느 특정 시점과 계기를 통해서 종래의 합의가 강행법규에 위반되는 것임이 확인(Bestätigung) 될 수 있었고, ③ 그때서야 비로소 종래의 합의가 강행법규에 위반되는 것임을 알게 된 합의의 일방 당사자가, ④ 스스로 형성해왔던 합의가 강행법규 위반임을 주장하여 '이전의 합의 당시'에는 전혀 예측할 수 없었던 추가 법정수당을 청구하는 것이 신의성실의 원칙(=신의칙, Treu und Glauben)에 위배되어 인정될 수 없는 것은 아닌지 문제된다.

대법원 전원합의체 판결은 이 문제의 해법으로서 '강행법규' 위반 시에 신의칙이 적용될 수 있는 기준을 제시하고 있으며, 그 기준들은 일견 '원칙적인 3가지 일반 요건'과 '예외적인 4가지 특별한 사정'으로 요약될 수 있다. 물론 '각 요건들과 사정들의 의의' 및 '각 기준들 간의 관계성'에 대한 보다 신중하고 세밀하며 분석적인 이해가 요구됨은 사실이다.[1] 그럼에도 불구하고 동 전원합의체 판결 이후의 하급심을 포함한 대부분의 판결들이 신의칙의 적용 가부를 판단함에 있어서 그와 같은 '신중하고 세밀하며 분석적인 이해' 없이 해당 사건들을 다루고 있는 것으로 보이며, 특히 대체로 「경영적인 지표」에 의존하고 있는 것으로 파악된다.

그러나 신의칙 적용 가부의 결정 기준이 '경영적인 지표와 그에 따른 경영상 어려움의 존부(存否)'가 되는 경우에 그 판결들은 다분히 자의적이고 형식적인 경향을 보이게 된다. 무엇보다 동일한 경영상 지표 및 사실관계를 바라보는 각 법원의 시각에 따라서 극명하게 다른 결론이 도출되고 있다. 또한 경영적인 지표를 신의칙 적용 가부의 결정 기준으로 삼는 각 법원의 태도를 존중한다고 하더라도, 각 법원이 기업의 재정적 위기, 복잡한 경영상황, 산업의 생태적 위기 및 현재와 장래의 내・외부적인 유・불리한 경제상황 등을 종합적으로 평가하여 판단하기에는 명백한 한계가 있을 수밖에 없다.

더욱이 현시점에서 그와 같은 판단이 가능하다고 가정하더라도, 오늘날과 같이 급변하는 세계 경제상황 속에서 당장 내일 어떠한 경제적・경영적 변화와 결과가 야기될지 예측하기란 '경제학적 관점'에서도 결코 쉽지 않다. 따라서 하물며 이에 대한 「법률적 판단」은 더더욱 지양되어야 한다. 왜냐하면 불확실성 내지 불확정성에 근거한 「법률적 판단」으로 인해 이해관계 있는 일방 당사자의 법적 보호가치 있는 신뢰가 침해되거나, 그에게 예상치 못한 불이익이 초래되어서는 안 되기 때문이다. 만약 이것이 허용된다면 전체 법질서(Rechtsordnung)의 근간을 이루는 법적 안정성(Rechtssicherheit)과 신뢰보호(Vertrauensschutz)는 파괴될 수밖에 없을 것이다. 법적 안정성과 신뢰보호의 파괴는 종국적으로 그 사회의 법질서가 무너지는 결과를 낳게 된다.

---

1) 대법원 전원합의체가 제시하고 있는 강행법규 위반 시에 신의칙이 적용될 수 있는 일반 요건 3가지와 특별한 사정 4가지에 대한 보다 자세한 것은 이 책 제2장 참고.

따라서 이 책에서는 전체 법질서의 근간을 이루는 법적 안정성과 신뢰보호라는 관점에서, '통상임금 소송에서 신의칙 적용 판단기준'을 연구하고 제시해보고자 한다. 이를 위해서는 다음의 세부 목적이 달성되어야 한다.

첫째, 대법원 전원합의체가 통상임금 소송과 관련하여 강행법규 위반 시에 신의칙 적용기준으로서 제시하고 있는 '원칙적인 일반 요건 3가지'와 '예외적인 특별한 사정 4가지'의 의의 및 각 기준들 간의 관계성이 신중하고 세밀하며 분석적으로 이해되어야 한다.

둘째, 전체 법질서 내에서 신의성실(Treu und Glauben) 원칙과 특히 「금반언(estoppel) 내지 모순행위금지(venire contra factum proprium)」[2)]원칙의 본질이 비교법적으로 고찰되고, 이때 신의칙의 본질에 기초하여 신의칙과 강행법규 간의 적용상 우위성이 결정되어야 한다. 이를 통해서, 대법원 전원합의체 판결이 제시하는 적용기준들의 올바른 이해에 기초한 「통상임금 소송에서 신의칙 적용 판단기준」이 결정될 수 있다.

셋째, 위에서 밝혀진 「통상임금 소송에서 신의칙 적용 판단기준」을 근거로, 그러한 판단기준들이 하급심 판결에서 구체적으로 어떻게 적용되고 구현되어야 하는지가 검토되어야 한다. 이는 동 전원합의체 판결 이후의 대표적인 하급심 판결들에 대한 비판적인 분석을 통해서 파악될 수 있다. 이때 특히 추가 법정수당 청구에 따른 '경영상 어려움 내지 기업존립의 위태로움'이라는 경영 지표가 신의칙 적용을 위한 결정적인 법률적 판단규준이 될 수 있을 것인지 여부가 집중적으로 검토되어야 한다.

결론적으로 위의 세부 목적들이 모두 달성되는 때에는, 개별기업의 경영 및 재무구조에 대한 판단이 지양되고 통상임금의 적용으로 인해 개별기업과 산업전

2) 금반언의 원칙(principle of estoppel)과 모순행위금지원칙(Der Grundsatz "venire contra factum proprium")에 관하여 이 책 제2장 III. 1. 2) (2) 참고.

체에 미칠 영향을 고려한 이른바 「법률적 판단규준」으로서 신의칙의 적용을 위한 판단기준이 확정적으로 제시될 수 있다.

II 연구의 주요 내용 및 방법

1. 대법원 전원합의체 판결에 대한 분석, 평가 및 이해

대법원 전원합의체 판결의 견해에 따르면, '통상임금 소송에 있어서 신의칙 적용 가부'의 중심에는 ① 원칙적인 '신의칙에 대한 강행법규의 우위성'과 ② 그 예외로서 '강행법규를 배척시키는 특별한 사정의 인정 여부'가 자리하고 있다. 따라서 우선적으로 강행법규 위반과 신의칙 적용 가부에 대한 대법원 전원합의체 판결의 견해를 신의칙의 본질적 관점에서 올바르게 이해할 필요가 있다.

이 책에서 분석, 평가 및 이해의 대상이 되는, 대법원 전원합의체 판결이 제시하는 원칙적인 일반 요건 3가지와 예외적인 특별한 사정 4가지는 다음과 같이 요약될 수 있다.

[일반 요건 3가지]

① 상대방에게 신뢰를 제공하였다거나 객관적으로 보아 상대방이 신뢰를 하는 데 정당한 상태에 있을 것
② 상대방의 신뢰에 반하여 권리를 행사할 것
③ 상대방의 신뢰에 반하는 권리행사가 정의 관념에 비추어 용인될 수 없는 상태에 이를 것

[특별한 사정 4가지]

① 임금협상 과정을 거쳐 이루어진 노사합의에서 정기상여금은 그 자체로 통상임금

에 해당하지 아니한다고 오인한 나머지 정기상여금을 통상임금 산정 기준에서 제외하기로 합의하고 이를 전제로 임금수준을 정했을 것

② 근로자 측이 '이미 일반화되어 관행으로 정착된 것으로 보이는' 임금협상의 방법과 경위, 실질적인 목표와 결과 등은 도외시한 채 임금협상 당시 전혀 생각하지 못한 사유를 들어 정기상여금을 통상임금에 가산하고 이를 토대로 추가적인 법정수당의 지급을 구할 것

③ 근로자 측이 노사가 '종래' 합의한 임금수준을 훨씬 초과하는 예상외의 이익을 추구할 것

④ 종래의 임금수준을 훨씬 초과하는 예상외의 이익추구로 말미암아 사용자 측에 예측하지 못한 새로운 재정적 부담을 지워 중대한 경영상의 어려움을 초래하거나 기업의 존립을 위태롭게 할 것

2. 강행법규 위반 시에 신의칙의 적용 가부 : 신의칙의 본질론을 중심으로

대법원 전원합의체 판결이 강행법규 위반에 대한 신의칙의 적용요건을 제시하고 있음에도 불구하고, 대체적인 문헌에서는 여전히 강행법규 위반에 대한 신의칙의 적용이 전면적으로 부정되고 있다. 그러나 신의칙에 대한 강행법규의 '절대적 우위성'이 모든 사례에서 완전하게 관철되어야 하는 것이 결코 아니다.

우리의 대체적인 문헌과 반대로, 독일은 강행법규 위반에 대한 신의칙의 적용 가부를 판단함에 있어서, 단지 개별 사안에서 문제되는 당해 법규가 강행성을 가진다는 이유만으로 신의칙의 적용을 절대적으로 배척시키지 않고 있다. 예컨대 '일정한 개별사례'에서 강행법규에 반하는 선행행위와 모순된 후행행위가 주장되는 경우, 모순된 후행행위를 긍정함으로 인해 전체 법질서의 근간을 이루는 법적 안정성과 신뢰보호가 파괴되는 때에는 전체 법질서를 유지하고 수호하기 위해서 선행행위에 대한 당사자의 신뢰를 더욱 보호하고 있다.

따라서 비교법적 연구를 통해 ① 신의칙의 본질에 근거하여 강행법규와의 적용상 우위성을 전체 법질서의 법적 안정성과 신뢰보호의 측면에서 판단하고 있

는 독일의 태도를 이해한 후, ② 이에 근거하여 대법원이 제시하는 강행법규 위반 시에 신의칙의 적용요건을 올바르게 해석하고 이해한다.

3. 신의칙 관련 대표적인 하급심 판결들의 비판적 분석

위에서 수행된 '대법원 전원합의체 판결에 대한 신중하고 세밀하며 분석적인 이해' 및 '비교법적 관점에서의 신의칙에 대한 올바른 이해'에 근거하여 결과적으로 「통상임금 소송에서 신의칙 적용기준」이 확정될 것이다. 그러한 기준에 따라서 신의칙 관련 주요 판결들에 대한 유형적 분석이 이루어진다. 유형에 따른 분류와 분석은 각 대상 하급심 판결들이 당해 사건에서 신의칙 적용 가부를 결정하기 위해 근거로 삼고 있는 각각의 '판단기준'에 기초해서 이루어진다(이른바 '경영상 지표'와 '신의칙 본질론').

첫째, 현재 '강행법규 위반에 있어서 신의칙 적용 가부'에 대한 대부분의 판례들은 앞서 언급한 바와 같이 일반적으로 「경영상 어려움 및 기업 존립의 위태로움」을 지표로 삼아 판결을 내리고 있다. 그러한 하급심 판결에는 예컨대 '현대중공업 사건'[3], '만도 사건', '한국지엠 사건', 그리고 '기아자동차 사건', '현대제철 사건' 등이 있다.

둘째, 다른 한편 사용자 측의 경영상 어려움 및 기업 존립의 위태로움 등을 고려하여, 특히 「신의칙의 본질」을 신의칙 적용 가부의 결정적인 판단기준으로 삼아 판결을 내리고 있는 하급심도 존재한다. 예컨대 '현대중공업 사건'[4]이 그러한 판결에 속한다.

---

3) 제1심 판결 : 울산지법 2015.2.12. 선고 2012가합10108 판결. 항소심 판결 : 부산고법 2016.1.13. 선고 2015나1888 판결.

4) 울산지법 2018.5.30. 선고 2015가합2351 판결. 앞서 언급된 현대중공업 사건(각주 3.)과 별개의 사건으로서 구분되어야 한다. 이 책에서는 구분상 편의를 위해 경우에 따라서 '경영상 지표에 따른 판결'을 현대중공업 사건 (I)로, '신의칙의 본질에 따른 판결'을 현대중공업 사건 (II)로 표기한다.

요컨대 대상 하급심 판결들의 유형적 분류와 분석에 기초하여, 대법원 전원합의체 판결 이후에도 여전히 하급심 판결들이 통일적인 판단기준에 의하지 않음을 확인할 수 있다. 더욱이 '경영상 지표'를 그 판단기준으로 삼는 경우에는 동일한 사실관계에 대하여 제1심과 항소심이 상충되는 판결을 내리고 있음이 확인된다.

따라서 '경영상 지표'가 신의칙 적용 가부를 결정할 수 있는 「법률적인 판단규준」이 될 수 있는지 여부가 보다 비판적으로 검토되어야 한다. 말하자면 '추가 법정수당 청구' 사건에서 대법원 전원합의체 판결이 제시하고 있는 '신의칙이 적용되기 위한 요건' 가운데, 추가 법정수당 청구로 인해 야기될지도 모를 가정적 상태인 '사용자 측의 중대한 경영상 어려움 및 기업 존립의 위태로움'이 「법률적인 판단규준」이 될 수 있는지에 대해서는 '기아자동차 사건'과 '만도사건' 그리고 '현대중공업 사건 (II)'를 비교·분석함으로써 보다 명확하게 이해해보고자 한다.

III 소 결

이 책을 통하여 종국적으로 ① 대법원 전원합의체 판결을 올바르게 이해하게 되고, ② 무엇보다 통상임금 소송에서 강행법규 위반 시에 신의칙이 적용되기 위한 「원칙적-예외적인 법률적 판단규준」이 확정될 수 있으며, ③ 그러한 통일적인 판단기준에 따라서 하급심 법원들이 대상 사건들에 대한 올바른 판결을 내리게 될 것이다.

결과적으로 통상임금 소송 관련 사건에서 하급심 판결들 간의 혼란이 잠식되고, 이러한 긍정적인 효과는 오랫동안 노사가 유지해온 굳건한 신뢰관계를 계속해서 유지할 수 있도록 지켜줄 것이다. 나아가 산업 전반적인 시너지 효과를 불러오게 되고, 이는 노사 모두에게 이익을 가져다 줄 것으로 전망된다.

제2장 '강행법규 위반 시에 신의칙 적용 가부'에 대한 대법원 전원합의체 판결의 견해

I 문제의 본질

강행법규 위반과 신의칙의 적용 가부를 검토함에 있어서 가장 먼저 염두에 두어야 할 점은, 이 문제의 본질이 무엇이며 출발점이 어디냐 하는 것이다. 요컨대 강행법규를 위반하여 성립된 당사자 간의 합의에 대해서 신의칙의 적용 가부를 「고려」해 볼 수 있기 위해서는, 그 전제로서 당사자 사이에 신의칙을 통해서 특별히 법률적으로 보호할 필요성이 있는 신뢰가 존재해야 한다. 그러한 전제하에서, 예컨대 당사자 간의 합의과정에서 어느 일방의 선행행위에 기초하여 상대방이 가지게 된 정당한 신뢰를 '강행법규를 위반했다'는 이유에서 배척해야 하는 것인지, 아니면 '일정한 요건'[5]에 따라서 신뢰보호를 우선하여 인정할 것인지가 판단되어야 한다. 따라서 당사자 간에 선행행위를 통해서 일정한 법률관계가 이미 형성되었으나 어느 일방의 후행행위가 그의 선행행위에 모순되더라도, 그 선행행위에 기초하여 상대방이 가지게 된 신뢰가 특별히 법률적으로 보호할 필요성이 없는 경우에는 처음부터 '강행법규 위반에 대한 신의칙의 적용 가부'를 고려할 필요가 없게 된다.[6] 이 점을 염두에 두고, 이하에서는 '강행법규 위반 시에 신의칙의 적용 가부'에 대한 대법원 전원합의체 판결의 견해를 살펴본다.

---

5) 이에 관하여 결론적으로 이 책 제3장 Ⅲ. 2. 참고.

6) 대법원 2000.8.22. 선고 99다62609, 62616 판결 참고 : "양도인이 양수인에게 손해배상조로 농지의 소유권을 넘겨주기로 약정하고 그에 따라 소유권이전등기를 경료하여 준 다음 그 등기의 말소를 구하는 경우, 객관적으로 선행행위와 모순되나 구 농지개혁법(1994.12.22. 법률 제4817호 농지법 부칙 제2조에 의하여 폐지)에 위반되는 등기를 하게 된 경위에 있어 쌍방 모두에게 주관적 귀책사유가 있고, 양수인은 위장전입의 방법으로 농지를 취득한 것에 불과하여 그 등기가 유효하다는 양수인의 신뢰는 법적으로 보호할 가치가 없어 굳이 합법성의 원칙을 희생하면서까지 신의성실의 원칙을 적용할 필요성은 없다는 이유로, 신의칙에 위반되지 아니한다(밑줄은 저자에 의한 것임)."

II 신의칙의 적용 요건

대법원 전원합의체 판결(대법원 2013.12.18. 선고 2012다89399 전원합의체 판결)은 '노사가 정기상여금을 통상임금에서 제외하기로 합의하고 이를 전제로 임금수준을 정한 경우, 근로자가 노사합의의 무효를 주장하며 정기상여금을 통상임금에 포함하여 산정한 추가 법정수당을 청구하는 것이 신의성실의 원칙에 위배되는지 여부'에 대하여 다음과 같이 판시하고 있다.

[다수의견]

(가) 단체협약 등 노사합의의 내용이 근로기준법의 강행규정을 위반하여 무효인 경우에, 무효를 주장하는 것이 신의칙에 위배되는 권리의 행사라는 이유로 이를 배척한다면 강행규정으로 정한 입법 취지를 몰각시키는 결과가 될 것이므로, 그러한 주장이 신의칙에 위배된다고 볼 수 없음이 원칙이다. 그러나 노사합의의 내용이 근로기준법의 강행규정을 위반한다고 하여 노사합의의 무효 주장에 대하여 예외 없이 신의칙의 적용이 배제되는 것은 아니다. 신의칙을 적용하기 위한 일반적인 요건을 갖춤은 물론 근로기준법의 강행규정성에도 불구하고 신의칙을 우선하여 적용하는 것을 수긍할 만한 특별한 사정이 있는 예외적인 경우에 한하여 노사합의의 무효를 주장하는 것은 신의칙에 위배되어 허용될 수 없다.

(나) 노사가 자율적으로 임금협상을 할 때에는 기업의 한정된 수익을 기초로 하여 상호 적정하다고 합의가 이루어진 범위 안에서 임금을 정하게 되는데, 우리나라의 실태는 임금협상 시 임금 총액을 기준으로 임금 인상 폭을 정하되, 그 임금 총액 속에 기본급은 물론, 일정한 대상기간에 제공되는 근로에 대응하여 1개월을 초과하는 일정 기간마다 지급되는 상여금(이하 '정기상여금'이라고 한다), 각종 수당, 그리고 통상임금을 기초로 산정되는 연장·야간·휴일 근로 수당 등의 법정수당까지도 그 규모를 예측하여 포함시키는 것이 일반적이다. 이러한 방식의 임금협상에 따르면, 기본급, 정기상여금, 각종 수당 등과 통상임금에 기초하여 산정되는 각종 법정수당은 임금 총액과 무관하게 별개 독립적으로 결정되는 것이 아니라 노사 간에 합의된 임금 총액의 범위 안에서 그 취지에 맞도록 각 임금 항목에 금액이 할당되고, 각각의 지급형태 및 지급시기 등이 결정된다는 의미에서 상호 견련관계가 있는 것이다. 그런데 우리나라 대부분의 기업에서는 정기상여금은 그 자체로 통상임금에 해당하지 아니한다는 전제 아래에서, 임금협상 시 노사

가 정기상여금을 통상임금에서 제외하기로 합의하는 실무가 장기간 계속되어 왔고, 이러한 노사합의는 일반화되어 이미 관행으로 정착된 것으로 보인다.

(다) 앞서 본 바와 같은 방식의 임금협상 과정을 거쳐 이루어진 노사합의에서 정기상여금은 그 자체로 통상임금에 해당하지 아니한다고 오인한 나머지 정기상여금을 통상임금 산정 기준에서 제외하기로 합의하고 이를 전제로 임금수준을 정한 경우, 근로자 측이 앞서 본 임금협상의 방법과 경위, 실질적인 목표와 결과 등은 도외시한 채 임금협상 당시 전혀 생각하지 못한 사유를 들어 정기상여금을 통상임금에 가산하고 이를 토대로 추가적인 법정수당의 지급을 구함으로써, 노사가 합의한 임금수준을 훨씬 초과하는 예상외의 이익을 추구하고 그로 말미암아 사용자에게 예측하지 못한 새로운 재정적 부담을 지워 중대한 경영상의 어려움을 초래하거나 기업의 존립을 위태롭게 한다면, 이는 종국적으로 근로자 측에까지 피해가 미치게 되어 노사 어느 쪽에도 도움이 되지 않는 결과를 가져오므로 정의와 형평 관념에 비추어 신의에 현저히 반하고 도저히 용인될 수 없음이 분명하다. 그러므로 이와 같은 경우 근로자 측의 추가 법정수당 청구는 신의칙에 위배되어 받아들일 수 없다.

[소수의견]

(가) 신의칙을 적용하여 실정법상의 권리를 제한하는 것은, 개별적인 사안의 특수성 때문에 법률을 그대로 적용하면 도저히 참을 수 없는 부당한 결과가 야기되는 경우에 최후 수단으로, 그것도 법의 정신이나 입법자의 결단과 모순되지 않는 범위 안에서만 고려해 볼 수 있는 방안에 불과하다. 신의칙은 강행규정에 앞설 수 없다. 신의칙의 적용을 통하여 임금청구권과 같은 법률상 강행규정으로 보장된 근로자의 기본적 권리를 제약하려 시도하는 것은 헌법적 가치나 근로기준법의 강행규정성에 정면으로 반한다. 근로기준법이 강행규정으로 근로자에게 일정한 권리를 보장하고 있음에도 근로자나 사용자가 그 강행규정에 저촉되는 내용의 노사합의를 한 경우에, 신의칙을 내세워 사용자의 그릇된 신뢰를 권리자인 근로자의 정당한 권리 찾기에 우선할 수는 없다.

(나) 근로자가 정기상여금을 통상임금에서 제외하기로 하는 노사합의를 무효라고 주장하는 것에 대하여 '신의칙을 적용하기 위한 일반적인 요건'이 갖추어졌다고 볼 수 없다. 정기상여금을 통상임금에서 제외하기로 하는 노사합의의 관행이 있다고 볼 근거가 없음은 물론이고, 만에 하나 그런 관행이 있다고 한들 그것이 근

로자에 의하여 유발되었거나 그 주된 원인이 근로자에게 있다고 볼 근거는 어디에도 없다. 근로자가 이를 무효라고 주장하지 않을 것이라고 사용자가 신뢰하였다는 전제 자체가 증명된 바 없지만, 그 '신뢰'가 존재한다고 하더라도 이를 정당한 것이라고 말할 수 없다.

(다) 근로자가 받았어야 할 임금을 예상외의 이익으로 취급하여 이를 되찾는 것을 정의와 형평관념에 반한다고 하는 것 자체가 정의 관념에 반한다. '중대한 경영상의 어려움'이나 '기업 존립의 위태'는 모두 모호하고 불확정적인 내용으로서, 도대체 추가 부담액이 어느 정도가 되어야 그러한 요건을 충족한다는 것인지 알 수 없다. 사용자는 상여금도 그 성격에 따라 통상임금에 해당할 수 있음을 알았다고 보이고, 사용자가 상여금의 통상임금 해당 가능성을 알지 못하였더라도 이를 법적으로 보호할 가치가 있는 선의(善意)라고 볼 수는 없다.

이러한 대법원 전원합의체 판결을 정리하면 우선 '외관상' 신의칙을 적용하기 위한 원칙적인 '일반 요건'과 강행법규 위반에 따른 예외적인 '특별한 사정'을 구분하여 제시하고 있는 것으로 보인다.

1. 원칙적인 '일반 요건'[7)]

대법원 전원합의체 판결에 따르면 신의칙을 적용하기 위해서는 원칙적인 '일

---

7) 이러한 신의칙 적용을 위한 원칙적인 3가지 일반 요건은 대법원 전원합의체 판결 이전부터 일관되게 인정되어 오고 있다. 예컨대 대법원 2003.4.22. 선고 2003다2390, 2406 판결 ; 대법원 2003.8.22. 선고 2003다19961 판결 ; 대법원 2004.10.28. 선고 2004다5556 판결 ; 대법원 2011.2.10. 선고 2009다68941 판결 ; 대법원 2011.3.10. 선고 2007다17482 판결 등. 나아가 대법원 2017.2.15. 선고 2014다19776, 19783 판결 참고 : "신의성실의 원칙은 법률관계의 당사자가 상대방의 이익을 배려하여 형평에 어긋나거나 신의를 저버리는 내용 또는 방법으로 권리를 행사하거나 의무를 이행해서는 안 된다는 추상적 규범이다. <u>신의성실의 원칙에 반한다는 이유로 권리의 행사를 부정하기 위해서는 상대방에게 신뢰를 제공하였다거나 객관적으로 보아 상대방이 신뢰를 하는 데 정당한 상태에 있어야 하고, 이러한 상대방의 신뢰에 반하여 권리를 행사하는 것이 정의 관념에 비추어 용인될 수 없는 정도의 상태에 이르러야 한다</u>(밑줄은 저자에 의한 것임)." 다만, 전체 법질서 내에서 신의성실의 원칙이 갖는 의의 및 지위에 대한 대법원의 이해에 대해서는, 특히 강행법규와의 관계가 전제되는 때에는 의구심이 든다. 이에 관하여 보다 자세한 것은 이 책 제3장 참고

반 요건(이하 '일반 요건'이라고 함)'으로서 다음의 3가지가 충족되어야 한다.

ⓐ 상대방에게 신뢰를 제공하였다거나 객관적으로 보아 상대방이 신뢰를 하는 데 정당한 상태에 있을 것
ⓑ 상대방의 신뢰에 반하여 권리를 행사할 것
ⓒ 상대방의 신뢰에 반하는 권리행사가 정의 관념에 비추어 용인될 수 없는 상태에 이를 것[8)]

2. 강행법규 위반을 전제로 한 예외적인 '특별한 사정'

대법원 전원합의체 판결에 따르면, (특히) 이미 성립된 노사합의가 강행법규에 위반된다는 점이 대법원 전원합의체 판결을 통해 비로소 확인되었고, 이에 따라 그 합의의 일방 당사자가 합의의 강행법규 위반을 주장하면서 그로부터 발생하게 된 '추가 법정수당'을 청구하는 것이 신의칙에 위배되어 인정될 수 없기 위해서는 '일반 요건'과 함께 '특별한 사정'이 존재해야 한다. 이때 염두에 두어야 할 것은, 강행법규에 위반되는 당사자 간의 합의는 '원칙적으로' 무효이며, 그 합의의 일방 당사자가 후에 합의의 강행법규 위반을 주장함이 신의칙에 반하지 않는다는 것이 그동안 대법원의 일반적인 입장이라는 점이다.[9)] 이를 전제로 함에도 불구하고 대법원 전원합의체 판결이 제시하는 신의칙이 예외적으로 적용되기 위한 '특별한 사정'은 다음과 같이 요약될 수 있다.[10)]

---

8) 대법원이 신의칙의 적용 가부와 관련하여 일반 요건으로서 일관되게 써오고 있는 이 표현은 특히 신의칙의 개별적 · 구체적 모습에 따라서 합리적이고 타당하게 이해될 것이 요구된다. 모순행위금지원칙과 관련된 정당한 해석으로서 이어지는 이 책 Ⅲ. 2. 참고.

9) 대법원은 오늘날까지 다양한 사례에서 신의칙에 대한 강행법규의 우위성을 '원칙적으로' 인정해 오고 있는 것으로 보인다. 예컨대 대법원 1968.9.6. 선고 68다1323 판결(농지개혁법 위반 사례) ; 대법원 1997.11.11. 선고 97다33218 판결(국토이용관리법 위반 사례) ; 대법원 2006.6.29. 선고 2005다11602, 11619 판결(피보험자의 서면동의를 결여한 생명보험계약체결 사례) ; 대법원 2011.3.10. 선고 2007다17482 판결(무효인 협의분할에 따른 상속회복등기 사례) 등. 이에 관한 보다 자세한 소개로는 전경근, "강행법규위반과 모순행위 금지", 「고시연구」(제27권 제10호), 2000.10. 참고.

10) "임금협상 과정을 거쳐 이루어진 노사합의에서 정기상여금은 그 자체로 통상임금에 해당하지

ⓓ 임금협상 과정을 거쳐 이루어진 노사합의에서 정기상여금은 그 자체로 통상임금에 해당하지 아니한다고 오인한 나머지 정기상여금을 통상임금 산정 기준에서 제외하기로 합의하고 이를 전제로 임금수준을 정했을 것
ⓔ 근로자 측이 '이미 일반화되어 관행으로 정착된 것으로 보이는'[11] 임금협상의 방법과 경위, 실질적인 목표와 결과 등은 도외시한 채 임금협상 당시 전혀 생각하지 못한 사유를 들어 정기상여금을 통상임금에 가산하고 이를 토대로 추가적인 법정수당의 지급을 구할 것
ⓕ 근로자 측이 노사가 '종래' 합의한 임금수준을 훨씬 초과하는 예상외의 이익을 추구할 것
ⓖ ⓕ의 요건으로 말미암아 사용자 측에 예측하지 못한 새로운 재정적 부담을 지워 중대한 경영상의 어려움을 초래하거나 기업의 존립을 위태롭게 할 것

III 대법원 전원합의체 판결이 제시하는 신의칙 적용 요건에 대한 이해

1. 前論 : '우리법제'에서 신의칙의 위상과 구체적인 모습

1) 신의칙의 위상

주지하는 것처럼, 우리민법은 총 5편으로 구성되어 있고, 판덱텐체계(Pandekten)

아니한다고 오인한 나머지 정기상여금을 통상임금 산정 기준에서 제외하기로 합의하고 이를 전제로 임금수준을 정한 경우, 근로자 측이 앞서 본 임금협상의 방법과 경위, 실질적인 목표와 결과 등은 도외시한 채 임금협상 당시 전혀 생각하지 못한 사유를 들어 정기상여금을 통상임금에 가산하고 이를 토대로 추가적인 법정수당의 지급을 구함으로써, 노사가 합의한 임금수준을 훨씬 초과하는 예상외의 이익을 추구하고 그로 말미암아 사용자에게 예측하지 못한 새로운 재정적 부담을 지워 중대한 경영상의 어려움을 초래하거나 기업의 존립을 위태롭게 한다면, 이는 종국적으로 근로자 측에까지 피해가 미치게 되어 노사 어느 쪽에도 도움이 되지 않는 결과를 가져오므로 정의와 형평 관념에 비추어 신의에 현저히 반하고 도저히 용인될 수 없음이 분명하다. 그러므로 이와 같은 경우 근로자 측의 추가 법정수당 청구는 신의칙에 위배되어 받아들일 수 없다."(대법원 2013.12.18. 선고 2012다89399 전원합의체 판결).

11) 대법원 2013.12.18. 선고 2012다89399 전원합의체 판결이 인정한 우리의 관행적인 임금협상과정에 관하여 보다 자세한 것은 이 책 제3장 III. 2. 참고.

에 따라서 민법 전체에 공통적으로 적용되는 규정들을 「제1편 총칙」에서 마련해 두고 있다. 무엇보다 그러한 민법 제1편의 총칙 규정들 가운데 '민법 전체의 체계적 구상을 고려할 때' 가장 으뜸이 되는 최고규범성을 함의하는 것으로 이해되는 제1조 법원(Rechtsquelle)과 제2조 신의성실의 원칙(Grundsatz von Treu und Glauben)이 「제1장 통칙」에 규정되어 있다. 특히 민법 제2조 신의성실의 원칙은 오늘날 사법영역뿐만 아니라 공법영역[12] 등 모든 법영역에서 전체 법질서를 수호하는 최후의 보루로서 역할을 수행하고 있다고 인정된다.[13] 요컨대 전체 법질서 내에서 ① 권리의 행사와 의무의 이행은 신의에 좇아 성실히 하여야 하고, ② 권리는 남용되어서는 안 되며, ③ 이를 통해서 궁극적으로는 법질서의 대원칙인 법적 안정성(Rechtssicherheit)과 신뢰보호(Vertrauensschutz)가 실현될 수 있어야 한다.

2) 신의칙의 구체적인 모습

신의성실의 원칙은 오늘날 다음과 같은 구체적인 3가지의 유형으로 파악되고 있다.

(1) 실효의 원칙

'실효의 원칙'이란 「권리자가 장기간에 걸쳐 그 권리를 행사하지 아니함에 따라 그 의무자인 상대방이 더 이상 권리자가 그 권리를 행사하지 아니할 것으로 신뢰할 만한 정당한 기대를 가지게 되는 경우에 새삼스럽게 권리자가 그 권리를 행사하는 것은 법질서 전체를 지배하는 신의성실의 원칙에 위반되어 허용되지 않는다」는 것을 의미한다.[14]

12) 박지순, "통상임금 소송에서 신의성실 원칙의 적용에 관한 연구", 「안암법학」(제56권), 안암법학회, 2018, 178쪽 이하.

13) 신의칙의 적용 가부와 관련하여, 예컨대 독일법제에서는 강행법규라는 점이 신의칙 적용을 위한 극복할 수 없는 한계를 설정하지 않는다. 독일법제에서 신의칙의 의의에 관하여 보다 자세한 것은 이 책 제3장 참고.

14) 대법원 1995.8.25. 선고 94다27069 판결 ; 대법원 1996.7.30. 선고 94다51840 판결 ; 대법원 2006.10.27. 선고 2004다63408 판결 ; 대법원 2013.2.14. 선고 2010다59622 판결 등.

(2) 사정변경의 원칙

'사정변경의 원칙(=행위기초론)'이 인정된 대표적인 사례는 '계약해제'와 관련해서이다. 즉 대법원은 「사정변경으로 인한 계약해제는 계약 성립 당시 당사자가 예견할 수 없었던 현저한 사정의 변경이 발생하였고 그러한 사정의 변경이 해제권을 취득하는 당사자에게 책임 없는 사유로 생긴 것으로서, 계약내용대로의 구속력을 인정한다면 신의칙에 현저히 반하는 결과가 생기는 경우에 계약준수 원칙의 예외로서 인정되는 것이고, 여기에서 말하는 사정이라 함은 계약의 기초가 되었던 객관적인 사정으로서, 일방 당사자의 주관적 또는 개인적인 사정을 의미하는 것은 아니라 할 것이다. 또한, 계약의 성립에 기초가 되지 아니한 사정이 그 후 변경되어 일방 당사자가 계약 당시 의도한 계약목적을 달성할 수 없게 됨으로써 손해를 입게 되었다 하더라도 특별한 사정이 없는 한 그 계약내용의 효력을 그대로 유지하는 것이 신의칙에 반한다고 볼 수도 없다」고 판시하였다.[15] 사정변경으로 인한 의무내용의 수정이나 법률관계의 해소는 극히 예외적인 경우에 한하여 인정된다.

(3) 모순행위금지의 원칙(Der Grundsatz "venire contra factum proprium")

가) 의의

'모순행위금지의 원칙'이란 「어떠한 자의 행위가 그의 선행하는 행위에 모순되는 것이어서 그러한 후행행위에 원래대로의 법적 효과를 부여하면 그 선행행위로 말미암아 야기된 타인의 신뢰를 부당하게 침해하게 되는 경우에 이를 금지하는 원칙」을 말한다. 이러한 모순행위금지원칙을 적용하기 위해서는 ① 객관적으로 모순되는 선행행위와 후행행위가 있고, ② 그에 대하여 책임을 물을 수 있어야 하며, ③ 선행행위로 인하여 야기된 상대방의 보호받을 가치가 있는 신뢰가 존재해야 한다.[16]

---

15) 대법원 2007.3.29. 선고 2004다31302 판결.

16) 특허법원 2005.10.13. 선고 2005허5631 판결.

나) 금반언 원칙(principle of estoppel)과의 관계

한편 독일법상 모순행위금지(venire contra factum proprium)와 영미법상 금반언(estoppel)은 통상 동일한 원칙으로 이해된다. 특히 우리 대법원은 두 원칙을 구분하지 않는 것으로 보이며, 일반적으로 '금반언'이라는 용어를 더 선호하는 것처럼 보이기도 한다.[17] 그러나 언어적 관점에서 엄격하게 내용을 구별하자면 독일법상의 모순행위금지와 영미법상의 금반언이 완전하게 일치하는 동일개념은 아니다. 즉 ① 독일법상 모순행위금지는 선행행위를 통해서 상대방에게 신뢰내용(구성요건)을 이미 형성시켰음에도 불구하고 그것과 모순되는 후행행위를 한 경우에, 이는 그 자체로 남용(Schikane)이 되고, 혹여 신뢰형성과정에서 존재했었던 특별한 사정들 때문에 후행행위가 모순되게 보인다 하더라도 그러한 후행행위 또한 마찬가지로 남용(Schikane)이 되며, 따라서 무효가 된다는 의미이다.[18] 그에 비해 ② 영국법상 금반언은 앞선 발언(설명)이 '결정적(concluded)'이라면 법의 테두리 내에서는 비록 그것이 진실이라 하더라도 그와 모순되는 주장을 후에 하지 말아야 함을 의미한다. 말하자면 금반언이 모순행위를 포함하는 보다 넓은 개념으로 이해된다.

estoppel은 언어적으로 '정지(stop)'를 뜻하며, 노르만어에서 유래했다고 한다. 또한 프랑스에서도 동일한 의미의 estoupail이 고전적으로 사용되었다고 한다.[19] 이러한 언어적 유래를 가진 estoppel의 법률적 의미는 자신의 행위와 모순되는, 즉 스스로 행했던 발언(설명)과 모순되는 주장을 선행된 발언(설명) 이후에 해서는 안 된다는 뜻이다(정지하다 ; 그만두다). 다시 말해서 estoppel-원칙에 있어서는 (i) 선행된 발언(설명)이 이후의 사정들에 대한 참(Wahrheit)인지 여부의 판단 기

17) 예컨대 대법원 1979.3.27. 선고 79다19 판결 ; 대법원 2001.9.25. 선고 2000다24078 판결 ; 대법원 2014.9.4. 선고 2014다210074 판결 등.

18) 여기에서 독일법상 모순행위금지와 관련하여 언급된 '특별한 사정'은 대법원 전원합의체 판결이 신의칙의 적용 요건으로 삼았던 그 특별한 사정과 다르다. 즉 이때의 특별한 사정은 신뢰형성과정에 존재했던 일련의 사정들을 가리킨다.

19) 언어적 측면에서 estoppel을 설명하는 보다 자세한 것은 최명구, "영국계약법상 금반언의 원칙, 정당한 기대의 보호와 그 시사점", 「동아법학」, 동아대학교 법학연구소, 2011, 409쪽 이하.

준이 되고, (ii) 따라서 이후의 주장이 선행된 발언(설명)에 모순되는 때에는 그 주장은 거짓이 되는 것이며, 그만두어야 하는 것이다.[20] 이러한 이유에서 금반언 원칙은 다양한 형태(기준)로 나타날 수 있다. 선행되는 발언(설명)이 다양한 형식으로 이루어질 수 있기 때문이다.[21] 다만 중요한 것은 그 형태가 어떠하든 모든 유형의 금반언 원칙은 '정지', 즉 '그만둔다'는 범주에서 동일한 의미를 가진다는 점이다.

요컨대 어느 원칙을 따르더라도 「통상임금 소송에서 신의칙 적용 판단기준 연구」의 결과에 있어서는 차이를 보이지 않는다. 동일한 관점에서 우리의 문헌과 판례도 두 원칙을 특별히 구별하지 않는 것으로 이해된다.[22] 따라서 이하에서는 독일법상 모순행위금지(venire contra factum proprium)와 영미법상 금반언(estoppel)이 동일한 원칙임을 전제로, 용례(用例)상 정확성과 편의성을 위해 '모순행위금지'로 통일하여 인용한다.

3) 소결

법질서의 대원칙인 법적 안정성과 신뢰보호의 실현을 위해 최후의 법률적 규준으로서 준수되어야 하는 신의성실의 원칙은 전통적으로 위의 3가지 유형으로 구분된다. 그리고 각 유형별로 그 성립요건을 달리하고 있다. 대법원 전원합의체 판결에서 문제로 삼고 있는 신의칙 적용 가부의 사례는 위 유형들 가운데 모순행위금지원칙과 직접 관련성을 갖는다. 위에서 언급한 특허법원의 판결문[23]에서 명시적으로 제시하는 모순행위금지원칙의 적용 요건들은 마찬가지로 대법원 전원합의체 판결이 제시하는 일반 요건과 특별한 사정을 검토함에 있어서 매우 중요

20) Thomas, Kühn, "Die Anwendbarkeit des Grundsatzes venire contra factum proprium im Arbeitsrecht", in NZA 2008, S. 1328 f.

21) 예컨대 표시에 의한 금반언, 약속에 의한 금반언, 과실에 의한 금반언, 행위에 의한 금반언 등. 이에 관하여 보다 자세한 것은 최명구, "영국계약법상 금반언의 원칙, 정당한 기대의 보호와 그 시사점", 「동아법학」, 동아대학교 법학연구소, 2011, 409쪽.

22) 예컨대 박지순, "통상임금 소송에서 신의성실 원칙의 적용에 관한 연구", 「안암법학」(제56권), 안암법학회, 2018, 165~205쪽.

23) 각주 16) 참고

한 의미를 가진다 할 것이다. 이하에서는 대법원 전원합의체 판결이 제시하는 신의칙의 적용 요건들이 구체적으로는 모순행위금지원칙과 직접적으로 관련됨을 염두에 두고, 그러한 한도에서 또한 '신의칙'이라는 용어를 선택적으로 사용한다.

2. 일반 요건 ⓒ에 대한 이해

대법원 전원합의체 판결이 제시하는 일반 요건 가운데 ⓐ와 ⓑ 요건은 신의칙의 본래적 의미를 고려할 때 충분히 인정될 수 있다. 그러나 일반 요건 ⓒ '상대방의 신뢰에 반하는 권리행사(ⓑ요건)가 정의 관념에 비추어 용인될 수 없는 상태에 이를 것'을 어떻게 이해할 것인지가 문제된다.

1) 「모순행위금지원칙」을 전제로 한 '두 가지 해석 가능성'

(1) 제1 해석

제1 해석으로서, ⓒ요건이 다른 일반 요건인 ⓑ로부터 연유하는 '현재'의 결과적인 상태를 의미하고, 그러한 결과적 상태가 다시 ⓐ 및 ⓑ 요건과 동가치적 지위를 가지는, 독립적이며 필요불가결적 성립요건임을 정한 것이라는 해석이 가능하다. 그러나 이러한 의미로 ⓒ요건을 해석하는 경우에, ⓒ요건은 모순행위금지원칙을 적용하기 위한 일반 요건으로서 인정되기 어렵다.

(i) 더욱이 '과거'에 양 당사자 간에 성립했던 합의의 내용이 이미 완전히 이행되고 실현되었으나, 오랜 기간이 경과한 '현재'에 이르러 '과거의 합의 당시'에 양 당사자 모두가 인지하지 못했던 사정이 확인되었고, 이에 '현재'에 이르러 합의의 일방 당사자였던 자가 과거에는 인지조차 할 수 없었던 그 사정을 원용하여 '과거의 합의 및 실현된 효과'를 부정하는 경우에는, 당연히 모순행위금지원칙의 위반이 된다.

(ii) 특히 '종래 합의'가 이미 완전히 이행되고 실현되었음에도 불구하고, '그

합의 및 실현된 효과'를 오랜 기간이 경과한 후에 다시 부정하게 됨으로써, 합의된 바를 성실히 이행했었던 상대방에게 결과적으로 '추가적인 비용 지출'이 발생하게 되면, 그러한 '추가적인 비용 지출'은 당연히 상대방에게 불측의 손해를 야기하게 된다. 이때 그러한 '추가적인 비용 지출'이 얼마인지, 그리고 '추가적인 비용 지출'로 말미암아 상대방에게 현실적으로 어떠한 결과나 상태가 초래되는지 여부는, 모순행위금지원칙을 위반했는지 여부에 영향을 미치지 않는다. '일방의 선행행위에 근거하여 형성된 상대방의 신뢰내용(구성요건)을 그 선행행위의 당사자가 모순된 후행행위를 통해서 침해해서는 안 된다'는 것이 모순행위금지원칙의 본질적 의미이기 때문이다.

(iii) 무엇보다 ⓒ요건에서 말하는 '용인될 수 없는 상태에 이른 것인지'를 판단해야 하는 대상(Gegenstand)이 경영상 지표인 추가적인 비용 지출의 '정도(범위)'가 되는 경우에는 더욱 이해하기 힘들다. 왜냐하면 대법원 전원합의체 판결에 따르면, 이 경우에 추가적인 비용 지출의 '정도'가 용인될 수 없는지 여부의 판단기준(Beurteilungskriterium)이 법률적 판단규준의 요체인 '정의 관념(Billigkeit)'이기 때문이다. 다시 말해서 현실적으로 나타난 결과적인 상태(Konstellation)인 '경영상 지표'가 '용인될 수 없는 상태에 이르렀는지 여부'를 법률적 판단규준의 요체인 '정의 관념'에 근거하여 판단해야 하는 것이다. '정의 관념'에 근거하여 어떻게 '경영상 지표'가 '용인될 수 없는 상태에 이르렀는지'를 판단할 수 있는지 의문이 들지 않을 수 없다. 경영상 지표가 용인될 수 없는 상태에 이르렀는지 여부는 기업의 경영 상황과 관련하여 경제학적 측면에서 수학적으로 계산되어져야 하는 대상일 뿐이다.

(iv) 요컨대 제1 해석에 따라 ⓒ요건이 다른 일반 요건인 ⓑ로부터 연유하는 '현재'의 결과적인 상태(Konstellation)를 의미하고, 그러한 「결과적 상태」가 다시 ⓐ 및 ⓑ 요건과 동가치적 지위를 가지는, 독립적이며 필요불가결적 성립요건임을 정한 것이라고 이해한다면, 이러한 '제1 해석'에는 동의하기 어렵다.

(2) 제2 해석

제2 해석으로서, ⓒ요건이 '현재'의 결과적인 상태가 아니라, '종래' 양 당사자의 합의가 이루어졌던 '그 당시'를 염두에 둔 것이라면, 이러한 ⓒ요건은 모순행위금지원칙을 적용하기 위한 일반 요건으로서 충분히 인정될 수 있다.

(i) 모순행위금지원칙의 본래적 의미는, ① 사적 자치에 의하여 일정한 법률관계를 형성하고 있는 양 당사자는 그러한 '특별결합관계' 안에서 이미 각자가 각 상대방에게 또는 어느 일방이 그 상대방에게 신뢰를 제공했거나 객관적으로 보아 상대방이 신뢰를 하는 데 정당한 상태에 있게 되고, ② 그럼에도 불구하고 일련의 협의 과정에서 이미 형성하고 구축하게 된 특별결합관계 및 신뢰내용(구성요건)에 반하여 일방 당사자가 권리를 행사하는 경우에, ③ 그러한 권리행사가 특별결합관계 및 신뢰내용(구성요건)의 형성 과정을 고려할 때 정의 관념에 비추어 용인될 수 없는 상태에 이른 것이라면, 모순행위금지원칙의 위반이 된다는 것이다.

(ii) 특히 ⓒ요건에서 말하는 '용인될 수 없는 상태에 이른 것인지'를 판단해야 하는 대상(Gegenstand)은 '현재'의 결과적 상태인 경영상 지표가 아니라, 특별결합관계에 있는 양 당사자가 일련의 협의 과정을 통해서 각자가 각 상대방에게 또는 어느 일방이 그 상대방에게 제공했거나 함께 형성했던 「신뢰의 내용」이 된다. 그리고 신뢰의 침해 여부 및 그 정도가 법률적 판단규준의 요체인 '정의 관념(Billigkeit)'에 근거하여 판단되는 것이다. 신뢰의 침해여부 및 그 정도는 개별 사안에서 「신뢰의 내용」에 따라 구체적으로 판단되어야 한다.

(iii) 요컨대 선행행위를 통해 상대방에게 '선행행위에 대한 신뢰(내용)'를 형성시켰던 일방이 이후에 그와 모순된 후행행위를 함으로써 상대방이 가졌던 선행행위에 대한 신뢰를 침해하는 경우에는, 그 자체가 모순행위금지원칙의 위반이 된다. 이러한 '제2 해석'에는 충분히 동의할 수 있다.

(iv) 다만 이때 반드시 유의해야 할 점은 개별 사안에서 특별히 고려되어야 하는 사정이 존재하는 경우에는 일반적인 ⓒ요건이 보다 더 신중하게 검토되어야 한다는 점이다. 바로 '강행법규 위반 시에 모순행위금지원칙(신의칙)의 적용 가부'의 문제가 그러한 예에 속한다. 이 문제는 대법원 전원합의체 판결이 제시하는 '특별한 사정'과 연계해서 이해되어야 한다. 이에 관해서는 후술한다(이어지는 3. 참고).

2) 소결 : 일반 요건 ⓒ의 정당한 해석

요컨대 모순행위금지원칙은 양 당사자가 각 상대방에게 또는 어느 일방이 그 상대방에게 스스로 형성해 놓은 '기존'의 신뢰에 반하는 권리행사를 '후에' 하지 말 것을 명령하는 것이다. 즉 그러한 권리행사가 '현재' 야기하게 되는 '우연한' 결과적인 상태는 모순행위금지원칙의 본질적 의미와는 무관하다.

그런 이유에서 대법원 전원합의체 판결이 제시하는 ⓒ요건은 위의 제2 해석으로 이해되어야 한다. 무엇보다 ⓒ요건의 이러한 해석이 전제되는 경우에 한하여 대법원 전원합의체 판결이 일반 요건과 함께 제시하고 있는 특별한 사정인 'ⓕ와 ⓖ'를 보다 합리적이고 타당하게 이해할 수 있다.

3. '특별한 사정'에 대한 이해

대법원 전원합의체 판결은, '추가 법정수당 청구'의 사례에 대해 신의칙(모순행위금지원칙)의 적용 가부를 판단함에 있어서 강행법규 위반이 전제되는 경우에는 일견 일반 요건 3가지와 함께, 별도의 추가적인 특별한 사정 4가지를 다시 요구하는 것으로 보인다. 여기에서 '4가지의 특별한 사정'에 대해서는 다음과 같이 이해하는 것이 합리적인 해석이라고 판단된다.

1) 4가지 사정의 '특별성' 여부

(1) 'ⓓ 및 ⓔ의 관행적인 임금협상과정'의 특별성

대법원 전원합의체 판결이 특별하게 제시하는 요건(사정)인 'ⓓ 및 ⓔ의 관행적인 임금협상과정'은 '일반 요건 ⓐ'와 구별되는 특별한 사정이 아니라, 그것과 동가치적인 요건으로 판단된다. 왜냐하면 일반 요건인 'ⓐ 상대방에게 신뢰를 제공하였다거나 객관적으로 보아 상대방이 신뢰를 하는 데 정당한 상태에 있는지' 여부는, '추가 법정수당 청구'라는 「구체적인 사례」에서는 'ⓓ 및 ⓔ의 관행적인 임금협상과정'에 근거하여 판단될 수 있기 때문이다. 따라서 대법원 전원합의체 판결이 제시하는 'ⓓ 및 ⓔ의 관행적인 임금협상과정' 부분이, 강행법규 위반을 전제로 한다고 해서, 원칙적으로 일반 요건 ⓐ와 구별되는, 모순행위금지원칙을 적용하기 위한 특별한 사정(요건)으로 이해되지는 않는다.

(2) 'ⓔ의 추가적인 법정수당 청구 부분'의 특별성

'ⓔ의 추가적인 법정수당 청구 부분'도 특별한 사정이 아니라 '일반 요건 ⓑ'와 동가치적인 요건으로 판단된다. 왜냐하면 이미 선행행위인 단체협약을 통해 정기상여금이 통상임금에서 배제되었음에도 불구하고, 이전에 전혀 예상치 못했던 정기상여금의 통상임금성에 근거하여 후행행위로서 '추가적인 법정수당을 주장하는 것'은, 근로자가 사용자의 신뢰에 반하여 권리를 행사하는 것이기 때문이다. 따라서 대법원 전원합의체 판결이 제시하는 'ⓔ 추가적인 법정수당 청구' 부분은 단지 '추가 법정수당 청구'라는 「구체적인 사례」에서 'ⓑ 상대방의 신뢰에 반하여 권리를 행사할 것'이라는 일반 요건을 구체화하고 있을 뿐이다. 즉 강행법규 위반을 전제로 한다고 해서, 원칙적으로 일반 요건 ⓑ와 구별되는, 모순행위금지원칙을 적용하기 위한 특별한 사정(요건)으로 이해되지는 않는다.

(3) 'ⓕ와 ⓖ' 사정의 특별성

'ⓕ와 ⓖ의 특별한 사정'이 일반 요건과 구별되는 특별한 사정인지 여부를 판단함에 있어서는 조금 더 신중한 검토가 필요할 것으로 보인다. 이때 'ⓕ와 ⓖ의 특별한 사정'은 앞서 검토된 '일반 요건 ⓒ'의 두 가지 해석 가능성을 고려하는 경우에 다음과 같이 이해될 수 있다.

우선 일반 요건 ⓒ를 제1 해석에 따라 대법원 전원합의체 판결이 현재의 시점을 염두에 둔 것이라고 이해한다면, 'ⓕ와 ⓖ의 특별한 사정'은 '일반 요건 ⓒ'가 '추가 법정수당 청구'라는 「구체적인 사례」에서 단지 '현재' 구체화된 것에 불과하다고 평가될 수 있을 것이다. 이때 앞선 (1)과 (2)에서 인정되는 것처럼, '일반 요건 ⓒ'와 '특별한 사정 ⓕ 및 ⓖ'는 동가치적인 동일한 요건으로 이해될 수 있다. 특히 이러한 이해가 전제되는 경우에 '특별한 사정 ⓕ 및 ⓖ'는 서로 별개의 두 요건이 아니라, 다음과 같이 하나의 요건으로 제시될 수 있다.

변경 전	변경 후
ⓕ 근로자 측이 노사가 '종래' 합의한 임금수준을 훨씬 초과하는 예상외의 이익을 추구할 것 ⓖ ⓕ의 요건으로 말미암아 사용자 측에 예측하지 못한 새로운 재정적 부담을 지워 중대한 경영상의 어려움을 초래하거나 기업의 존립을 위태롭게 할 것	근로자가 추가 법정수당 청구로 인해 「결과적으로」 노사가 종래 합의한 임금수준을 훨씬 초과하는 예상외의 이익을 얻게 되고, 그로 말미암아 사용자 측에 예측하지 못한 새로운 재정적 부담을 지워 중대한 경영상의 어려움을 초래하거나 기업의 존립을 위태롭게 할 것

그러나 이미 검토된 것처럼, '일반 요건 ⓒ'는 두 가지의 해석 가능성 가운데, 제2 해석으로 이해되어야 한다. 이러한 결론은 무엇보다 모순행위금지원칙의 본질에 근거한 것이다. 즉 양 당사자가 각 상대방에게 또는 일방 당사자가 그 상대방에게 '기존'에 스스로 형성해 놓은 신뢰내용(구성요건)에 반하여 '후에' 모순된 권리 주장을 하고, 이것이 정의 관념에 비추어 용인될 수 없는 상태에 이른 것이라고 판단되면, 모순행위금지원칙의 위반이 된다. 결과적으로 이러한 권리행사는 법질서가 허용해서는 안 되는 권리행사가 되는 것이다. 요컨대 이러한 이유에서 '일반 요건 ⓒ'를 제2 해석으로, 다시 말해서 선행행위를 통한 일련의 신뢰형성 과정을 염두에 둔 것으로 이해하는 경우에 한하여, 그 해석이 모순행위금지원칙의 본질에 부합하게 되고, 따라서 ⓒ를 모순행위금지원칙의 일반 요건으로서 인정할 수 있는 것이다.

그런데 대법원 전원합의체 판결이 제시하는 'ⓕ와 ⓖ의 특별한 사정'은 명백하게 선행행위가 아닌, '후행행위' 시에 비로소 '존재하거나 발생할 수 있는' 사정들이다. 무엇보다 이 사정들은 모순행위금지원칙의 본질과는 지극히 동떨어져 있다. 따라서 'ⓕ와 ⓖ의 특별한 사정'이 모순행위금지원칙의 본질에 부합하는 '일반 요건 ⓒ(제2 해석)'와 동가치적인 동일한 요건으로 이해되어서는 안 된다. 이런 측면에서 혹시 'ⓕ와 ⓖ의 사정'이 다른 특별한 사정들(ⓓ와 ⓔ)과 다르게, 모순행위금지원칙을 적용하기 위한 진정으로 '예외적인 특별한 사정'은 아닌지 검토되어야 한다.

요컨대 모순행위금지원칙의 적용 가부를 결정함에 있어서 특히 강행법규 위반이 전제되는 경우에, 다른 요건들과 구별되어 'ⓕ와 ⓖ'가 특별한 사정으로 고려되어야 하는지가 문제된다. 즉 '결과적으로' 근로자가 종래 임금수준을 훨씬 초과하는 예상외의 이익을 추구하게 된다는 사실과, 그로 인해 야기되는 '결과적인' 사용자 측의 중대한 경영상의 어려움 또는 기업존립의 위태로움이, 모순행위금지원칙의 적용 가부를 결정하는 판단기준이 될 수 있는지 문제되며, 이 문제의 중심에는 각 결과(중대한 경영상 어려움 및 기업존립의 위태로움)의 본질을 이루는 우연성(Zufälligkeit)이라는 표지가 자리하고 있다.

2) 특별한 사정 'ⓕ와 ⓖ'의 우연성(Zufälligkeit)

(1) 특별한 사정 'ⓕ와 ⓖ'의 올바른 이해

대법원 전원합의체 판결에서 문제가 되는 것은 ① 상대방과의 관계에서 일방당사자의 후행행위가 그의 선행행위와 모순되고, ② 그 모순된 후행행위가 일방당사자에 의해서 상대방 측에 형성되었던 '이전의 신뢰구성요건(즉 신뢰의 내용, 그 내용은 일방 당사자의 선행행위에 본질적으로 근거한다)'에 반(反)하며, ③ 이로써 모순행위금지원칙의 위반이 됨에도 불구하고, 그 모순된 후행행위를 허용할 수 있을 것이지 여부이다. 이를 판단함에 있어서 반드시 염두에 두어야 할 점은 무엇보다 '본래적 의미의 법리적 측면'과 '사후에 발생하게 되는 우연한 사실적 측면'이 엄격히 구분되어야 한다는 것이다. 즉 모순행위금지원칙의 적용에 있어서 두 측면이 동일선상에서 동가치적으로 고려되어서는 결코 안 된다.

본래 '법률적 판단규준(Beurteilungskriterium)'을 마련함에 있어서는 일반적으로 원칙과 예외라는 관점에서, 전체 법질서 내에서 통일적으로 적용 가능한 '원칙적인 규준'과 개별 사례에서 구체적 합리성 및 타당성을 확보할 수 있는 '예외적인 규준'이 구분되어 제시된다. 이것이 법질서 전체의 체계적 구상에도 부합하는 것이며, 이를 통해서 특히 전체 법질서의 근본이자 근간인 법적 안정성(Rechtssicherheit)과 신뢰보호(Vertrauensschutz)가 유지될 수 있음은 주지하는 바와 같다. 다만 법률적 판단규준의 원칙과 예외가 인정된다고 하더라도, 그「예외」가 법률적 판단규준과 무관한 '사후적이고 외부적이며 파생적인 우연한(zufällig) 사정 내지 사실관계'와 혼동되어서는 안 된다.

그런데 만약 대법원 전원합의체 판결이 제시하는 'ⓕ와 ⓖ의 특별한 사정'을 '예외적인 법률적 판단규준'으로 이해하는 경우에는, 'ⓕ와 ⓖ'는 결과적으로 'ⓐ, ⓑ, ⓒ, ⓓ 및 ⓔ'와 동일선상에서 동가치적으로 하나의 독립된 신의칙 적용 요건으로서 인정되어야 한다. 그러나 대법원 전원합의체 판결이 제시하는 특별한 사정으로서, '결과적으로' 근로자가 종래 임금수준을 훨씬 초과하는 예상외의 이익을 추구하게 된다는 사실, 그리고 그로 인해 야기되는 '결과적인' 사용자 측의 중대한 경영상의 어려움 또는 기업존립의 위태로움은 사후에 '우연히 존재할 수 있거나 발생할 수도 있는' 사실적 측면에 불과하다. 다시 말해서 'ⓕ와 ⓖ의 특별한 사정'은, 일방의 선행행위에 근거하여 형성되어 있는 상대방의 신뢰내용(구성요건)이 신의칙을 통해서 일방의 모순된 후행행위로부터 보호되어야 하는지' 여부를 판단함에 있어서 고려되는 '법리적 측면'의 요소가 아니다.

예컨대 추가 법정수당 청구권의 사례에서, '종래에는 전혀 예측조차 하지 못하다가 오늘날 우연히 그 존재를 알게 된 청구권'을 행사하려는 근로자 측이 그 청구권을 행사한 결과 노사가 '종래' 합의한 임금수준을 훨씬 초과하는 예상외의 이익을「우연히」추구하게 되었는지 여부가, 그리고 그로 인해 사용자 측에「우연히」중대한 경영상 어려움이 초래되거나 기업의 존립이 위태롭게 되었는지 여부가, 왜 모순행위금지의 법원칙에 따른 청구권 인정 가부의 법률적 판단규준(요건)이 되어야 하는 것인지 이해가 되지 않는다.

(2) 특별한 사정 'ⓕ와 ⓖ'의 의미

따라서 대법원 전원합의체 판결이 제시하는 특별한 사정 'ⓕ와 ⓖ'가 어떠한 의미를 가지는지 문제될 수 있다. 요컨대 특별한 사정 'ⓕ와 ⓖ'는 강행법규 위반 시에 신의칙의 적용 가부를 판단하기 위한 「예외적인 법률적 판단규준」이 아니라, 근로자의 모순되는 후행행위로 인해 사용자 측에 야기될지도 모를 '사후적이고 외부적이며 파생적인 우연한 사정 또는 사실관계'에 불과하다.

다만 근로자의 추가 법정수당 청구로 인해 결과적으로 우연히 야기된 '사용자 측의 중대한 경영상 어려움 또는 기업존립의 위태로움'은, 대상 사건을 판결해야 하는 법관으로 하여금 사용자 측의 침해된 신뢰가 「특별히 법적으로 보호할 가치 있는 보다 높은 수준의 신뢰」[24)]라는 점을 단지 확인시켜 주는 역할을 수행할 수 있다.

무엇보다 유의해야 할 점은 이때에도 '추가 법정수당 청구'가 신의칙에 위반되었는지에 대한 법관의 법률적 판단은 사용자 측의 침해된 신뢰가 특별히 법적으로 보호할 가치 있는 보다 높은 수준의 신뢰인지 여부에 결정적으로 근거해야 한다는 점이다. 요컨대 대법원 전원합의체 판결이 제시하는 특별한 사정 'ⓕ와 ⓖ'는 위와 같이 「사실상의 기능적 관점」에서만 이해되어야 한다.

3) 구체적 예시를 통한 우연성(Zufälligkeit)의 이해

만약 대법원 전원합의체 판결이 제시하는 'ⓐ~ⓔ'의 요건이 존재함을 전제로, 최종적으로 'ⓕ와 ⓖ의 특별한 사정'에 따라 「법률적 판단」을 하게 된다면 다음과 같은 부당한 결과가 도출될 수밖에 없다.

예컨대 '근로자 A 및 B'와 '근로자 C'가 공통적으로 모순된 후행행위로서 추가 법정수당을 청구한다고 가정하자.

---

24) 여기에서 말하는 「특별히 법적으로 보호할 가치 있는 보다 높은 수준의 신뢰」에 대해서는 이 책 제3장 Ⅱ. 참고.

(i) 근로자 A 및 B의 청구권이 결과적으로 종래 임금수준을 훨씬 초과하는 예상외의 이익을 추구하게 된다면, 이들의 청구권은 '특별한 사정 ⓕ'를 충족하게 된다. 이때 ① 그러한 이익추구가 사용자 측에 중대한 경영상 어려움이나 기업존립의 위태로움을 야기한다면 '특별한 사정 ⓖ'도 충족되고, 근로자 A와 B의 청구권은 신의칙 위반이기 때문에 인정될 수 없다. 그러나 ② 그러한 이익추구가 인정된다고 하더라도 이로 인해 결과적으로 사용자 측에 중대한 경영상 어려움이나 기업존립의 위태로움이 야기되지 않는다면 '특별한 사정 ⓖ'는 탈락되고, 근로자 A와 B의 청구권은 인정될 수 있다. 신의칙 위반이 아니기 때문이다.

(ii) 반대로 근로자 C의 청구권이 결과적으로 종래 임금수준과 다르지 않거나 비슷한 이익을 추구하게 된다면, '특별한 사정 ⓕ'는 탈락된다. 이때 그러한 이익추구에도 불구하고 '추가 법정수당 청구' 이외의 사정으로 인해 사용자 측에 중대한 경영상 어려움이나 기업존립의 위태로움이 야기된다면, 근로자 C의 청구권에 대해서는 어떻게 판단되어야 하는 것인가? 이 점에 대해서 대법원 전원합의체는 침묵하고 있다.

이처럼 대법원 전원합의체 판결이 제시하는 'ⓕ와 ⓖ의 특별한 사정'을 모순행위금지원칙의 적용 가부를 판단하기 위한 「법률적 판단규준」으로 인정하는 경우에는, 모순행위금지원칙의 본질과 무관하게, 모순된 후행행위로부터 기인하게 되는 우연성(Zufälligkeit)이 법적 정당성(rechtliche Legitimation)의 판단에 개입하게 되고, 그로 인해 법률적 판단규준에 의해서 인정 가부가 결정되어야 할 권리(Recht)가 우연성에 결정적으로 의존하게 됨으로써 '법리적 판단'과 '사실의 파악'이 혼동되어버리는 결과가 발생하게 된다.

다시 말해서 대법원 전원합의체 판결이 제시하는 'ⓕ와 ⓖ의 특별한 사정'을 법률적인 판단규준으로 인정하는 경우에는, '사후적이고 외부적이며 파생적인 사실 내지 결과'의 우연성이 「예외적인 법률적 판단규준」과 동일시되고, 그러한 우연성에 따라 법리적 타당성의 여부가 결정되어진다. 결국 '객관적으로 이루어져야 하는 법률적 판단'이 당해 사실관계의 우연성과 그 우연성이 다루어지는 '가변적인 사정들'에 내던져지게 되는 것이다(가변적인 사정으로서, 예컨대 청구권의 행사시점, 소제기 시점과 판결 시점 사이의 시간적 간극, 그 사이에 격변하게 될지도 모를 내·외부적 경제상황 및 금융상황; 특히 동일 사건을 다루는 각 심급단계에서 법관이 가지게 되는 자의적인 관점, 시각과 이해, 나아가 재판과정에서 정작 청구권자가 겪게 되는 사적·공적 변화들 등).

4) 소결

이렇듯 대법원 전원합의체 판결이 제시하는 'ⓕ와 ⓖ의 특별한 사정'을 모순행위금지원칙의 적용 가부를 판단하기 위한 '예외적인 요건'으로 이해하는 경우에는, '사후적이고 외부적이며 파생적인 우연한 사정 또는 사실관계'가 「예외적인 법률적 판단규준」과 동일시되고, 따라서 법원칙(Rechtsgrundsatz)에 따른 법적 정당성 여부의 판단이 사실관계의 우연성(Zufälligkeit)에 좌우됨으로써 '임의적 결과'를 낳게 된다. 이는 필연적으로 법질서를 유지시켜주는 대원칙인 법적 안정성과 신뢰보호를 해칠 위험성을 초래하게 될 것이다. 따라서 모순행위금지원칙의 적용 가부를 판단하기 위한 「법률적 판단규준」을 제시하는 경우에는, 비록 강행법규의 위반이 문제가 된다고 하더라도, 대법원 전원합의체 판결이 제시하는 'ⓕ와 ⓖ의 특별한 사정'은 이제 더 이상 「법률적 판단규준」으로서 고려되어서는 안 된다. 무엇보다 모순행위금지원칙의 적용 가부는 우선은 (원칙적으로) 모든 사안에 대하여 동일하고 「원칙적인 법률적 판단규준」에 따라서 결정되어야 한다.

그러나 신의칙의 적용 가부를 판단함에 있어서 반드시 염두에 두어야 하는 것은, 그 결정에 있어서 문제가 되는 '구체적이고 현존하는' 사실관계 내지 요소를 완전히 외면해서도 안 된다는 점이다. 즉 신의칙의 적용 가부가 「원칙적인 법률적 판단규준」에 따라서 '우선적으로는' 동일하게 검토되고 결정되어야 함에도 불구하고, 구체적인 타당성을 실현하기 위해서는 그러한 원칙적인 법률적 판단규준과 함께 「예외적인 법률적 판단규준」이 고려되어야 한다. 요컨대 전체 법질서 내에서 통일적으로 적용 가능한 '원칙적인 규준'과 개별 사례에서 구체적 합리성과 타당성을 확보할 수 있도록 '예외적인 규준'을 제시하는 것이, 법질서를 수호하고 유지하기 위한 법질서 전체의 체계적 구상에도 부합한다는 점은 앞서 언급한 바와 같다.

종국적으로 모순행위금지원칙의 적용 가부를 판단하기 위한 원칙적인 법률적 판단규준과 함께, 「강행법규 위반」을 전제로 하는 모순행위금지원칙의 적용 가부를 판단하기 위한 「예외적인 법률적 판단규준」이 제시되어야 한다.

IV 중간 결론

지금까지 검토된 대법원 전원합의체 판결이 제시하고 있는 '강행법규 위반을 전제로 하는 신의칙 및 모순행위금지원칙'의 적용 요건은 다음과 같이 요약될 수 있다.

1. 일반 요건과 특별한 사정의 관계

대법원 전원합의체 판결은 모순행위금지원칙을 적용함에 있어서 강행법규 위반이 전제되는 경우에 일반 요건 3가지와 함께, 별도로 추가하여 특별한 사정 4가지를 요구하는 것처럼 보인다. 그러나 위에서 검토된 것처럼, 'ⓐ 상대방에게 신뢰를 제공하였다거나 상대방이 신뢰를 하는 데 정당한 상태에 있을 것'이라는 일반 요건과 'ⓓ 및 ⓔ의 관행적인 임금협상과정'이라는 특별한 사정, 'ⓑ 상대방의 신뢰에 반하여 권리를 행사할 것'이라는 일반 요건과 'ⓔ의 추가적인 법정수당 청구'라는 특별한 사정은 각각 동가치적인 동일한 요건으로 이해되어야 한다. 즉 'ⓓ 및 ⓔ'의 사정은 '일반 요건인 ⓐ 및 ⓑ'와 구별되는 「사정의 특별함」을 가지고 있지 않다. 다만 '추가 법정수당 청구'라는 「구체적인 사례」에서 '일반 요건 ⓐ'는 'ⓓ 및 ⓔ의 사정'에 근거하여 판단될 수 있고, '일반 요건 ⓑ'는 'ⓔ의 사정'을 통해서 구체화되고 있을 뿐이다.

그리고 'ⓒ 상대방의 신뢰에 반하는 권리행사가 정의 관념에 비추어 용인될 수 없는 상태에 이를 것'이라는 일반 요건은 모순행위금지원칙의 본질에 부합하도록, 현재의 모순된 권리행사가 '종래'의 특별결합관계 및 신뢰내용(구성요건) 형성의 일련의 과정을 고려할 때 정의 관념에 비추어 용인될 수 없는 상태에 이른 것으로 해석해야 한다. 따라서 이러한 '일반 요건 ⓒ'는, 'ⓕ와 ⓖ의 특별한 사정'이 후행행위 시에 또는 그것으로부터 비로소 기인할 수 있다는 점에서 이 사정들과 무관한 것으로 이해된다.

특히 특별한 사정 'ⓕ와 ⓖ'가 제시하는 '결과적으로' 근로자가 종래 임금수준을 훨씬 초과하는 예상외의 이익을 추구하게 된다는 사실, 그리고 그로 인해 야기되는 '결과적인' 사용자 측의 중대한 경영상의 어려움 또는 기업존립의 위태로움은 사후에 '우연히 존재할 수 있거나 발생할 수도 있는' 사실적인 측면에 불과하다. 다시 말해서 'ⓕ와 ⓖ의 특별한 사정'은 모순행위금지원칙의 본질과는 무관한, 단지 '사후적이고 외부적이며 파생적인 사실 내지 결과'일 뿐이다. 요컨대 우연성(Zufälligkeit)을 본질로 하는 이러한 'ⓕ와 ⓖ의 사정'은 모순행위금지원칙의 적용 가부를 판단함에 있어서 특별하지도 않으며, 무엇보다 「원칙적인 또는 예외적인 법률적 판단규준」으로 고려되어서도 안 된다.

따라서 대법원 전원합의체 판결이 제시하는, 모순행위금지원칙의 적용 가부를 판단하기 위한 'ⓐ~ⓔ'의 요건들은, 강행법규 위반을 전제로 하는 '추가 법정수당 청구'의 사례를 고려한다고 하더라도, '사정의 특별함'이 배제된 「원칙적인 법률적 판단규준」으로서 이해된다.

2. 강행법규 위반과 모순행위금지원칙의 적용 가부

대법원 전원합의체 판결이 제시하는 'ⓐ~ⓔ'의 요건들이 모순행위금지원칙의 적용 가부를 판단하기 위한 「원칙적인 법률적 판단규준」임은 앞서 언급한 바와 같다. 그러나 신의칙의 적용 가부를 판단함에 있어서는 반드시 개별 사례에서 구체적 합리성과 타당성이 확보될 수 있도록 해야 한다. 특히 강행법규 위반이 전제되는 경우에는, 임의법규 및 당사자의 합의를 위반한 경우와 완전히 동일하게 통일적으로 「원칙적인 법률적 판단규준」이 적용될 수 없고, 또한 적용되어서도 안 될 것이다. 만약 강행법규 위반의 사례에 대해서도 원칙적인 법률적 판단규준이 그대로 적용된다면, 이로 인해 오히려 강행법규를 통해서 달성하려는 입법자의 입법목적이 몰각될 것이다. 따라서 신의칙의 적용 가부를 판단함에 있어서 강행법규 위반이 전제되는 경우에는 「오히려」 원칙적으로 강행법규의 우위성을 인정하는 것이 대법원의 일반적인 입장임은 앞서 언급한 바와 같다. 여기에서 「신의칙이 강행법규를 극복할 수 없는 것인지, 다시 말해서 강행법규가 신의칙 적용의 절대적 한계를 형성하는지」가 문제된다. 이 문제를 해결하기 위해서는 다음과 같은 점들이 검토되어야 한다.

첫째, 신의칙의 본래적 의미가 무엇인가 하는 점이다. 특히 신의칙이 전체 법질서를 관통하고 법질서의 근원이자 근본이며 근간이 되는 법적 안정성과 신뢰보호의 유지를 위한 최후의 보루가 되어야 한다는 점, 그러한 이유에서 신의칙의 「강행규범적 성질」이 당연히 인정된다는 점을 고려할 때, 실정법상의 강행법규와의 관계를 합리적으로 이해하고 해석할 것이 요구된다(신의칙과 강행법규 간 적용상의 우위성).

둘째, 일방 당사자의 후행행위로부터 보호되어야 하는 상대방의 신뢰내용(구성요건)에 대한 올바른 이해와 해석이 요구된다. 특히 「원칙적인 법률적 판단규준」에 근거하여 신의칙의 적용 가부가 결정되어야 하는 일반적인 법률관계와 비교하여, 대법원 전원합의체 판결에서는 노사자치에 기초하여 이루어진 노사합의가 문제되고 있다는 점이 결코 간과되어서는 안 된다. 즉 다른 법률관계의 유형과 다르게, 근로계약 및 노사합의에 따른 당사자 관계는 단순한 이익 간의 결합이 아닌, 「인적 결합」이 전면에서 강조되어야 하기 때문에, 그러한 인적 결합에 근거하여 형성되는 양 당사자의 또는 어느 일방의 신뢰내용(구성요건)과 그것의 형성과성이 '특별하고 예외적인' 보호가치를 가지는 것은 아닌지 반드시 고려되어야 한다. 이때에는 양 당사자가 신뢰의 기초로 삼았던 근거가 중대한 의미를 가질 것인데, 대법원 전원합의체 판결에서는 예컨대 종래에 노사합의에서 양 당사자가 함께 '정기상여금이 통상임금에서 제외된다'는 판단에 이를 수 있는 근거가 되었던 「통상임금산정지침」[25]과, 그와 같은 합의가 반복됨으로써 정착된 노동관행이 주요한 고려 대상이 된다.[26]

이하에서는 '강행법규 위반 시'에 신의칙(모순행위금지원칙)이 적용될 수 있는 「예외적인 법률적 판단규준」을 확립해보고자 한다. 이를 위해서 신의칙과 모순행위금지원칙의 본질을 비교법적으로 고찰한다. 그리고 모순행위금지원칙의 본질에 기초하여 대법원 전원합의체 판결이 기왕에 제시하고 있는 요건들을 구체적 합리성과 타당성이 확보될 수 있도록 이해해본다.

---

25) 「통상임금산정지침」(노동부예규 제150호)은 1988년 1월 14일에 제정되어, 2007년 11월 28일까지 3차례 개정되었으며, 2009년 9월 25일에 폐지 후 재발령(제정)되어, 2012년 9월 25일에 고용노동부예규 제47호로 개정되었다.

26) 이어지는 이 책 제3장 Ⅲ. 2. 참고.

제3장 '신의칙' 및 '모순행위금지원칙'의 본질론에 따른 강행법규와 신의칙 간 적용상 우위성

I 신의성실의 원칙(Der Grundsatz von Treu und Glauben)

주지하듯이 신의성실의 원칙은 우리민법 제2조에서 규정하고 있으며,[27] 법질서 내에서의 신의칙의 법적 지위와 법률적 의미에 대해서는 이미 많은 문헌과 판례에서 확인되고 있는 바와 같다. 즉 우리법제에서 신의성실의 원칙은 일반적으로 추상적인 규범으로 받아들여지고 있으며, 그러한 이유에서 또한 신의칙에 대한 강행법규의 우위성이 많은 문헌에서 인정되는 것으로 보인다. 그러나 신의칙의 추상적·구체적 성질은 「전체 법질서의 법적 안정성과 신뢰보호」라는 관점에서 이해되어야 하고, 따라서 이하에서 확인되는 것처럼 강행법규가 신의칙 적용에 대해서 극복 불가능한 한계를 설정하는 것으로 이해해서는 안 될 것이다.

이를 확인하기 위해 우리 법체계 내에서의 신의칙에 대한 이해가 다른 법질서, 특히 「독일」에서도 마찬가지로 통용되고 있는지 검토되어야 한다. 만약 우리와 차이를 보이는 점이 있다면 이를 발견하고, 그 기준에 따라서 신의칙과 강행법규의 적용 관계 및 요건에 관한 대법원 전원합의체 판결의 견해를 다시 한 번 합리적이고 타당하게 이해해보고자 한다.

27) 민법 제2조 (신의성실) ① 권리의 행사와 의무의 이행은 신의에 좇아 성실히 하여야 한다. ② 권리는 남용하지 못한다

1. 신의칙의 의의에 대한 '비교법'적 이해

1) 상이한 입법상 표현방식

독일민법 제242조는 "채무자는 신의성실이 거래관행을 고려하여 요구하는 바대로 급부를 실현할 의무를 부담한다."고 규정한다.[28] 법문언의 표현 자체는 우리와 차이를 보인다. 그러나 독일문헌에서는 동 규정의 실질적 의미를 설명하기 위해 일반적으로 스위스민법 제2조가 인용되며, 그 내용은 다음과 같다 : "[1]각자는 권리의 행사와 의무의 이행에 있어서 신의성실에 따라서 행동해야 한다. [2]권리의 공공연한 남용은 법적으로 보호받지 못한다."[29] 스위스민법 제2조가 독일민법 제242조의 실질적인 내용을 구현하고 있다는 점은,[30] 우리민법 제2조에 대해서도 상당한 의미를 가진다. 왜냐하면 ① 스위스민법 제2조는 우리민법 제2조와 가장 유사한 법문언을 가지는 것으로 평가되고,[31] ② 따라서 스위스민법 제2조가 독일민법 제242조의 실질적 의미를 구현하고 있다는 점은, 독일민법 제242조에 대한 이해가 우리민법 제2조에 대해서도 유의미함을 반증하기 때문이다.[32]

2) 신의칙의 의의

신의성실의 법원칙은 전체 법질서 내에서 대단히 큰 의미를 가지며, 따라서

---

28) § 242 (Leistung nach Treu und Glauben) Der Schuldner ist verpflichtet, die Leistung so zu bewirken, wie Treu und Glauben mit Rücksicht auf die Verkehrssitte es erfordern.

29) Art. 2 (Handeln nach Treu und Glauben) Jedermann hat in der Ausübung seiner Rechte und in der Erfüllung seiner Pflichten nach Treu und Glauben zu handeln. Der offenbare Missbrauch eines Rechtes findet keinen Rechtsschutz.

30) 예컨대 Jauernig/Mansel, 16. Aufl., 2015, BGB § 242 Rn. 1 참고.

31) 동일한 이해로서 박동진, "신의칙과 권리남용금지원칙의 가족법관계에서의 적용", 「가족법연구」 (제19권 제1호), 2005, 32쪽.

32) 나아가 유럽계약법원칙 제1:201조 또한 독일민법 제242조의 실질적 의미를 구현하고 있는 것으로 평가된다. "Grundregeln des Europäischen Vertragsrechts Artikel 1:201 : Treu und Glauben und redlicher Geschäftsverkehr (1) Jede Partei hat im Einklang mit den Geboten von Treu und Glauben und des redlichen Geschäftsverkehrs zu handeln. (2) Die Parteien können diese Pflicht nicht ausschließen oder beschränken."

독일민법 제242조는 최상위 규범으로서 가장 중요한 일반규정 중의 하나로서 이해된다.[33] 무엇보다 신의성실의 원칙은 「강행규범적 성질」을 가지며, 당사자의 임의적 처분에 우선한다는 점에서 강행법규와 같다. 독일민법 제242조는 형평법에 관한 규정이며, 통상적으로는 청구권의 직접적인 근거가 되지 않지만, 간접적으로 그러한 의미를 가질 수 있다(부수적 의무 또는 보호의무 등).[34]

또한 신의성실의 원칙은 특별결합관계에 있는 이해관계인들에 대해서는 행태규범으로서, 법관에 대해서는 재판규범으로서 의미를 가진다. 신의칙은 공정하고 사려 깊게 행동하도록, 그리고 타인의 정당한 이익에 대해 합리적으로 배려하도록 명령한다. 신의칙의 내용은 사전에 확정적으로 결정되어 있지 않으며, 개별사례에 따라서 평가를 통해 구체화될 것이 요구된다. 다만 이때의 구체화는 '무엇이 신의성실에 부합하여 허용되는지 혹은 반하여 허용되지 않는 것인지'에 대한 구체적 확인을 의미한다.

신의성실의 원칙이 개별사례에서 구체화되는 경우에는 무엇보다 법공동체 내에서 인정되는 객관적인 가치가 고려되어야 하며, 이에 따라서 헌법상의 가치질서가 유지될 수 있도록 해야 한다. 이는 '객관적 규준의 구체화'로 표현될 수 있는데, 이를 통해서 내려지게 되는 결론은 단지 절차적인 확인에 불과할 뿐이며, 권리 등을 새로이 창설하지는 않는다. 나아가 신의성실의 원칙이 '보충적으로 구체화된다'는 것은 순수한 의미에서 모자란 부분을 채우거나 메운다는 뜻이 아니라, 법질서 유지를 위한 최후의 보루라는 의미에서 최후성으로 이해해야 한다.

---

33) 신의칙의 의의에 대한 비교법적 검토에 대해서는 Jauernig/Mansel, 16. Aufl., 2015, BGB §242 Rn. 2-4 참고.

34) 예컨대 이른바 '계약체결상 과실책임(culpa in contrahendo)'은 이미 1900년의 독일민법 제정 전부터 독일에서 발전해온 독일의 독창적인 법원칙이다. 그리고 2002년 독일의 채무법이 전면적으로 개정되기 전에는 독일민법 제242조가 계약체결상 과실책임의 실정법 근거로서 인정되었다. 더욱이 2002년 채무법 개정을 통해 독일민법 제241조 제2항 및 제311조 제2항・제3항이 계약체결상 과실책임의 직접적인 실정법 규정으로서 새로이 도입되었음에도 불구하고, 동 조항과 함께 독일민법 제242조는 여전히 계약체결상 과실책임의 실정법 근거로서 인정되고 있다.

요컨대 전통적으로 신의칙은 사법과 공법의 모든 영역에서 강조되어 왔으며, 노동법 영역에서는 노동관행 및 신뢰책임의 인정근거로서 자리매김하고 있다. 이때 노동법 영역에서는 계속적 법률관계에 기초한 특별한 인적 결합관계가 그 본질을 이루고 있기 때문에, 특히 당사자의 행태에 대한 신뢰구속(Treubindung)이 전면에서 보다 강하게 고려될 수 있음이 간과되어서는 안 될 것이다.[35)]

3) 강행법규와 신의칙의 관계

대법원 전원합의체 판결의 반대의견(이하 '반대의견')은 신의칙에 대한 강행법규의 절대적 우위성을 인정한다. 즉 대법원 전원합의체 판결의 다수의견(이하 '다수의견')이 강행법규 위반 시에 신의칙을 적용하기 위해 제시하는 특별한 사정 4가지를 인정하지 않는 것이다.[36)] 또한 우리의 대체적인 문헌들도 신의칙보다 강행법규의 효력을 우선하고 있으며,[37)] 특히 그러한 문헌들의 주장과 논거는 사실상 앞서 소개된 대법원 전원합의체 판결의 반대의견을 그대로 인용하는 것으로 보인다.[38)]

그러나 신의칙에 대한 강행법규의 절대적 우위성을 인정하는 견해에 대해서는, 신의칙의 의의에 근거하여 다음과 같은 비판적인 평가가 가능하다.

---

35) 박지순, "통상임금 관련 노사합의에 대한 신의칙 적용상의 쟁점", 「계약과 책임」(하경효 교수 정년기념논문집), 박영사, 2017, 582쪽.

36) 반대의견의 내용에 대해서 박지순, "통상임금 소송에서 신의성실 원칙의 적용에 관한 연구", 「안암법학」(제56권), 안암법학회, 2018, 171쪽 이하.

37) 강행법규 위반의 사례에 대해서 신의칙의 적용을 부정하는 견해로서 고영남, "통상임금 노사합의의 효력 - 근로기준법과 신의칙, 그리고 부당이득 -", 「민주법학」(제54호), 2014, 99-139쪽 ; 김성권, "강행법규를 위반한 통상임금 합의와 신의성실원칙의 적용", 「노동법논총」(제31집), 2014, 237-268쪽 ; 박은정, "강행법규를 위반한 통상임금 노사합의와 신의성실의 원칙", 「인권과 정의」(Vol. 443), 2014, 131-143쪽 ; 이상곤, "노동법상 신의칙 적용에 관한 연구", 「중소기업과 법」(제8권 제2호), 2017, 97-120쪽 ; 이선신, "신의칙에 의한 임금청구권의 부인의 문제점 검토 - 대법원 2013.12.18. 선고 2012다89399 판결에 대해 -", 「안암법학」(제45권), 2014, 239-291쪽 등.

38) 또한 박지순, "통상임금 소송에서 신의성실 원칙의 적용에 관한 연구", 「안암법학」(제56권), 안암법학회, 2018, 173쪽.

주지하는 것처럼 '법적 안정성'과 '신뢰보호'는 헌법상 법치국가의 원칙에서 도출되는[39] 법질서의 대원칙이며, 이는 최후적으로 신의성실의 원칙을 통해서 지켜지고 유지되어야 한다. 따라서 「강행규범적 성질」을 가진 신의칙의 적용 가부를 판단함에 있어서 그 비교대상이 임의법규와 관련되는 경우에는 별다른 이견 없이 적용이 가능하다고 할 것이다. 문제는 강행법규에 대한 신의칙의 관계이다.[40]

살피건대, 신의칙의 적용은 임의법규에 제한되지 않는다. 즉 신의칙은 강행법규에 대해서도 적용되며, 나아가 신의칙의 법형성적 작용은 강행법규에까지 확장되는 것으로 이해된다. 다시 말해 신의칙의 적용 가부를 판단함에 있어서 그 대상이 비록 강행법규와 직접 관련되어 있다고 하더라도, '법적 안정성과 신뢰보호'라는 법질서의 대원칙을 수호하기 위해서 법관은 신의칙의 적용을 인정할 수 있다는 것이다.[41]

물론 임의법규에 있어서, 예컨대 계약을 보충적으로 해석함에 있어서는 당사자들의 의사를 보다 쉽게 인용할 수 있기 때문에, 신의칙 적용이 보다 용이함은 주지하는 바이다. 그러나 임의법규와 다르게, 강행법규는 공공의 이익(公益)을 위한 '입법자의 높은 수준의 가치적 결정(=決斷=立法目的)'을 규범화하고 있다. 이에 당사자들의 합의가 존재하는 경우에도 공익을 위해 강행법규는 당사자들의 합의에 우선하게 된다. 요컨대 강행법규의 함의(含意)는 「당사자들의 합의에 우선하여 공익을 수호함으로써, 종국적으로 전체 법질서의 법적 안정성과 신뢰보호를 이룩하려는 입법자의 높은 수준의 가치적 결정」으로 이해된다.

---

39) 헌법재판소 1995.6.29. 94헌바39 결정 참고 : "헌법상 법치국가의 원칙으로부터 신뢰보호의 원리가 도출된다."

40) 신의칙의 의의에 근거한 비판적 평가에 관해서는 MüKoBGB/Schubert, 7. Aufl., 2016, BGB §242 Rn. 96–97 ; Jauernig/Mansel, 16. Aufl., 2015, BGB §242 Rn. 10–11 참고. 보다 자세한 관련 내용에 대해서는 Staudinger/Looschelders/Olzen, 2014, Rn. 109 ff. und 333 f. ; Soergel/Teichmann Rn. 107 ff. 등 참고.

41) RGZ 85, 108, 119 ; MüKoBGB/Schubert, 7. Aufl., 2016, BGB §242 Rn. 24, 96–97 ; Staudinger/Looschelders/Olzen, 2014, Rn. 333 f. ; Jauernig/Mansel, 16. Aufl., 2015, BGB §242 Rn. 10–11 ; Soergel/Teichmann Rn. 107 ff.

따라서 강행규범적 성질을 가진 신의칙을 근거로 개별 강행법규와 다른 법형성적 작용을 인정하기 위해서는 강행법규보다 '높은 정도의 가치와 근거'들이 요구된다. 다시 말해서,

(i) 당사자의 합의가 임의규정에 우선함은 주지하는 바이다. 따라서 일정한 법률관계에 있어서 당사자들은 협의를 통해 각자의 이익을 실현시켜 줄 공동의 목적을 모색하고, 이익형량과 조정의 과정을 거쳐 '임의규정과 다른' 종국적인 합의에 이를 수 있다. 그리고 그러한 「과정과 결과」는 양 당사자가 각 상대방에게 또는 어느 일방 당사자가 그 상대방에게 특별히 법적으로 보호할 가치 있는 신뢰를 형성시키게 되고, 종국적으로는 그 신뢰의 「정당성의 근거」로서 의미를 가지게 된다. 이때 양 당사자는 각 상대방에 대해서 또는 어느 일방 당사자는 그 상대방에 대해서 선행행위와 모순된 후행행위를 함으로써 상대방의 정당한 신뢰를 침해하지 않을 법적 의무를 부담하게 된다. 요컨대 이 사례에서 당사자의 합의가 임의규정과 달리 성립되었다 하더라도 신의칙을 적용함에는 전혀 영향이 없다.

(ii) 그러나 양 당사자의 합의가 강행법규 위반인 경우에는 조금 더 신중한 접근과 검토가 요구된다. 왜냐하면 앞서 언급한 것처럼 강행법규의 '입법목적'은 (임의법규와 달리) 강행법규를 통해서 달성하려는 입법자의 높은 수준의 가치적 결정을 의미하기 때문이다. 따라서 당사자의 합의가 강행법규에 반(反)하는 경우에는 일반적으로 강행법규가 당사자의 합의에 우선하므로 당사자의 합의는 무효가 되고, 이때 당사자 일방이 합의에 반하는 무효의 주장을 한다고 하더라도 이는 신의칙에 반하지 않는다고 평가된다. 이러한 이유에서 '강행법규 위반 시'에 신의칙이 적용되기 위해서는 입법자의 그러한 높은 정도의 가치적 결정을 '극복(Überwindung)'할 수 있는 「신뢰관계 및 신뢰내용(구성요건)」이 존재해야 하고, 그러한 경우에 한하여 강행법규 위반에도 불구하고 신의칙을 적용하는 정당성이 확보될 수 있다. 만약 그와 같은 보다 높은 정도의 신뢰관계 및 신뢰내용(구성요건)이 존재하는지 여부를 고려함이 없이 신의칙을 강행법규에 우선시키는 경우에는, 오히려 입법자가 강행법규를 통해서 달성하려는 입법목적을 일방적으로 몰

각시켜버리는 결과를 낳게 된다. 따라서 특히 강행법규 위반을 전제로 하는 신의칙의 적용 가부를 판단함에 있어서는 특별히 법적으로 보호할 가치 있는 「보다 높은 정도의 가치와 근거를 본질로 하는 신뢰의 내용」이 구체화를 통해서 명확하게 인지될 수 있어야 한다.[42)]

요컨대 신의성실의 원칙은 법질서 전체를 지배하며, 신의칙이 배제되는 법영역은 존재하지 않는다. 특히 강행법규가 신의칙의 적용에 대해서 극복할 수 없는 절대적인 한계를 설정하는 것이 결코 아니다. 즉, 강행법규가 위반되었다 하더라도, 개별 사례에서 법질서의 대원칙인 법적 안정성과 신뢰보호를 유지하기 위해 「구체적 합리성과 타당성에 근거하여」 신의칙이 적용될 가능성은 여전히 존재한다.

따라서 강행법규 위반으로서 무효인 법률행위에 대해서도 신의칙은 적용될 수 있는 것이다.[43)] 다만 강행법규 자체가 입법자의 높은 수준의 가치적 결정(=決斷=立法目的)이라는 점에서, 신의칙 적용을 위한 「보다 높은 정도의 가치와 근거들」이 요구되는 것이다. 결국 다른 법영역에서와 마찬가지로,[44)] 노동법 영역에서도 법적 안정성과 신뢰보호를 위한 보다 높은 정도의 가치와 근거들이 존재한다면, 노동법상의 강행법규 위반에 따른 무효인 법률행위에 대해서도 신의칙이 적용될 수 있다.[45)]

---

42) 대법원 전원합의체 판결에서 문제가 되고 있는 대상으로서, 근로자와의 관계에서 사용자가 가지게 된 신뢰(Vertrauen)에 관하여 보다 자세한 것은 이어지는 이 책 Ⅲ. 2. 참고.

43) BGH NJW 85, 2580 ; 95, 2923 Nr. 9 ; MüKoBGB/Schubert, 7. Aufl., 2016, BGB §242 Rn. 24 und Rn. 96-97 ; Staudinger/Looschelders/Olzen, 2014, Rn. 109 ff. und Rn. 333 f. ; Jauernig/Mansel, 16. Aufl., 2015, BGB §242 Rn. 10-11 ; Soergel/Teichmann, Rn. 107 ff.

44) 신의성실의 원칙은 국제법에 대해서 뿐만 아니라, 공법 및 사법 영역 전체에 적용된다. 이에 대한 소개로서 예컨대 Thomas, Kühn, "Die Anwendbarkeit des Grundsatzes venire contra factum proprium im Arbeitsrecht", in NZA 2008, S. 1328 ff. 참고.

45) 한편, 정기상여금의 통상임금성 판단 및 신의칙 인정과 관련하여 "규범의 불명확성, 여기에 기인한 판례의 불완전성 및 행정해석의 오류, 기업현장의 오랜 관행 등이 정기상여금의 통상임금성 배제의 원인으로 작용하였음을 인정하지 않을 수 없다."면서 "아무리 강행규정이 우선한다고 하지만 강행규정이 안고 있는 규범적 문제(불명확성으로 인한 오랜 기간 동안의 잘못된 해석과 적용)

2. 소결

우리 대법원 전원합의체 판결의 반대의견 및 문헌상 반대견해들과 달리, 위에서 검토된 것처럼 독일법제하에서는 신의칙에 대한 강행법규의 절대적 우위성이 인정되지 않는다. 오히려 신의성실의 원칙이 법질서의 대원칙인 법적 안정성과 신뢰보호를 위해 개별 사례에 따른 「구체적인 합리성과 타당성」에 근거하여, 강행법규 위반에도 불구하고 여전히 적용될 수 있는 것으로 확립되어 있다.[46] 다만 주지하는 것처럼, 강행법규가 입법자의 높은 수준의 가치적 결정이기 때문에, 신의칙 적용을 위해서는 보다 높은 정도의 가치와 근거들이 요구된다는 것은 앞서 검토된 바와 같다.

요컨대 여기에서 요구되는, 말하자면 강행법규 위반에도 불구하고, 강행법규를 극복하여 신의칙이 적용될 수 있도록, 구체적 합리성과 타당성을 제시하고 신의칙 적용을 정당화시키는 '보다 높은 정도의 가치와 근거들'이 이른바 모순행위금지원칙이 적용되기 위한 「예외적인 법률적 판단규준」을 의미한다고 할 것이다. 이러한 개념정의(Begriffsbestimmung) 하에, 특히 노동법 영역에서 강행법규 위반시에 일반적으로 신의칙 적용이 부정됨에도 불구하고, 개별 사례에 따른 구체적인 합리성과 타당성에 근거하여 모순행위금지원칙이 적용되기 위한 「예외적인 법률적 판단규준」을 독일법의 이론과 판례에 기초하여 검토해본다.

는 의도하지 않은 법률적 흠결을 구성한다고 보지 않을 수 없"고, 따라서 "이를 단순히 사용자의 법에 대한 무지로 폄훼하여 오랜 기간 유지되어 온 (결과적으로) 잘못된 해석과 관행에 대한 책임을 당사자 일방에게 전가하는 것은 가혹하다고 하지 않을 수 없"기 때문에, "신의칙은 예외적으로 강행규정의 불완전성을 보완하는 조정적 장치로서 정의와 형평에 기여"한다는 견해로서 박지순, 위의 논문(주 35.), 584쪽.

46) RGZ 85, 108, 119 ; MüKoBGB/Schubert, 7. Aufl., 2016, BGB §242 Rn. 24, 96-97 ; Staudinger/Looschelders/Olzen, 2014, Rn. 333 f. ; Jauernig/Mansel, 16. Aufl., 2015, BGB §242 Rn. 10-11 ; Soergel/Teichmann, Rn. 107 ff.

Ⅱ 모순행위금지의 원칙(Der Grundsatz “venire contra factum proprium”)

1. 모순행위금지의 의의

모순행위금지원칙은 타인에 대한 특별한 신뢰의 형성 및 일정한 처분의 무효에 대해서 책임이 있고, 그 처분에 구속되어 있는 자가, 원칙적으로 그 처분에 반하는 무효의 주장을 할 수 있는지에 관한 문제이다.[47]

모순행위금지원칙은 본질적으로 신뢰보호의 원칙으로부터 도출된다. 이 원칙은 선행행위를 통해서 신뢰를 야기했던 자의 「사후의 이익」보다 그 자의 선행행위를 정당하게 신뢰했던 자의 「당시의 이익」을 더 높이 평가하도록 명령한다. 일정한 법률적인 상황 또는 권리의 주장과 관련하여 타인에게 신뢰를 야기한 자는 그 신뢰구성요건에 구속되어야만 한다는 것이다. 다만 이는 적어도 양 당사자가 사회적으로 밀접하고 긴밀한 관계에 있을 때 인정된다.

이미 주지하는 것처럼 ‘법적 안정성’과 ‘신뢰보호’는 법질서의 대원칙이다. 즉 법질서 내에 존재하는 모든 법영역에서 법적 안정성과 신뢰보호는 준수되어야 한다. 이에 따라 법적 안정성과 신뢰보호는 하나의 법률관계에 놓여있는 당사자들의 「모순된 행위」를 ‘다른 법영역에서와 마찬가지로’ 노동법 영역에서도 금지시킨다. 특히 개별 사례가 ‘강행법규 위반’과 직접적으로 관련되는 경우에는 ‘구체적 합리성과 타당성’에 근거하여 「예외적인 법률적 판단규준」에 따라서 법적 안정성과 신뢰보호가 유지될 수 있도록 신의칙 적용 가부가 결정되어야 한다.

따라서 독일법제 내에서도 ‘외관상’ 모순행위금지원칙이 모든 강행법규 위반 사례에 대해서 항상 동일하게 적용되지는 않는 것처럼 보이기도 한다. 예컨대 독

47) 이하에서 소개되는 독일법상 모순행위금지의 원칙에 관한 내용은 기본적으로 Thomas, Kuhn, “Die Anwendbarkeit des Grundsatzes venire contra factum proprium im Arbeitsrecht”, in NZA 2008, S. 1328 ff.에 근거함

일의 연방노동법원은 근로자에 의한, 형식을 갖추지 아니한 근로관계의 즉시해지에 대하여 한 차례 모순된 행위로 간주하였으나,[48] 다른 사례에서는 모순된 행위를 인정하지 않았다.[49] 또한 최근에 베를린 브란덴부르크 주노동법원은 근로자가 스스로 형식을 갖추어 즉시해지를 했음에도 불구하고, 그 근로자의 근로계약관계가 계속해서 존속하는 것으로 간주하였다.[50] 그러나 상이한 것처럼 보이는 이러한 「외관」은 강행법규 위반의 개별 사례에서 '구체적 합리성과 타당성'에 근거하여 종국적으로 법질서의 대원칙인 법적 안정성과 신뢰보호가 유지될 수 있도록 신의칙의 적용 가부가 판단된 결과일 뿐이다.

2. 노동법상 '모순행위 주장'의 인용 가능성

1) 노동법에 대한 모순행위금지원칙의 적용 사례

분명하게 염두에 두어야 할 점은, 신의칙의 구체적 모습인 모순행위금지원칙이 대체로 강행법규에 의해서 규율되는 노동법 영역에 있어서도 '구체적 합리성과 타당성'에 근거하여 법질서의 대원칙인 법적 안정성과 신뢰보호를 위해서 적용될 가능성이 있다는 것이다. 특히 사용자와 근로자의 관계에서 어느 일방의 선행행위를 통해 상대방이 정당하게 신뢰를 형성하게 된 경우에, 그 '정당한 신뢰'는 신뢰를 야기했던 자의 '모순된 이익'보다 더 높게 평가될 수 있다. 해고와 관련된 다음의 2가지 사례를 통해서 강행법규 위반과 모순행위금지원칙의 관계를, 개별 사례에 따른 '구체적 합리성과 타당성'의 관점에서 이해해 보고자 한다.[51]

48) NZA 1998, 420.

49) NZA 2005, 162.

50) LAG Berlin-Brandenburg, Urteil vom 8.11.2007 - 20 Sa 1616/07.

51) 이하에서 소개되는 판례들에 대한 내용은 기본적으로 Thomas, Kühn, "Die Anwendbarkeit des Grundsatzes venire contra factum proprium im Arbeitsrecht", in NZA 2008, S. 1329 ff.에 근거함.

[제1 사례]

갑은 요식행위인 의원면직의 의사표시를 구두로 하였고, 후에 그 의원면직의 무효를 주장했다. 이 사례에서 연방노동법원은 구두에 의한 의원면직의 의사표시가 강행법규 위반으로서 무효임에도 불구하고, 의원면직이 무효라는 갑의 주장을 받아들이지 않았다. 당해 사례에서는 특별한 사정들에 근거하여 '권리행사가 신뢰에 반한다'고 판단했으며, 따라서 모순행위금지원칙이 적용되었다.[52] 모순행위금지의 원칙은「모든 권리, 법상황과 법규범」에 내재하는 내용상 한계이고, 그러한 내용상 한계에 있어서는 독일민법 제242조에 반하는 권리행사 또는 권리남용으로 인한 법상황의 악용은 허용되지 아니하는 것으로 간주되며, 그러한 권리남용 내지 법상황의 악용은 개별사례의 사정들을 고려하여 판단된다고 한다. 구두에 의한 의원면직의 의사표시를 여러 차례 반복했고, 심지어 진심이었으며, 한 차례도 우발적으로 말하지 않았던 자가 차후에 자신이 한 의사표시의 무효를 주장하는 것은 신뢰에 반하는 것으로서 허용되지 않는다고 한다. 또한 스스로 간과했던 법규정을 자신의 이익을 위해서 인용하는 때에도 모순행위로서 인정된다고 한다. 다만 이 경우에 당사자는 간과했던 법규정과 무관하게 자신의 의사를 표현함에 있어서 확신을 갖고, 여러 차례 반복적으로 행해야 하며, 자신과 법률적 관계에 놓여 있는 자에 대한 자신의 법적 지위의 주장 또한 상당히 일관성 있게 행해져야 한다.

[제2 사례]

갑은 요식행위임에도 불구하고 의원면직의 의사표시로서 그저 더 이상 일할 기분이 아니라고 말한 후 짐을 싸서 집으로 갔다. 얼마 지나지 않아 갑은 근로관계가 계속 존속하고 있음을 주장했다. 이때 연방노동법원은 [제1 사례]에서와 다르게 모순행위의 주장을 받아들였고, 다음과 같이 설시했다.[53] 법률로 규정된 요식행위는 그 규정의 취지를 몰각시키지 않기 위해서 준수되어야 하지만, 모순행위금지원칙이 적용되는 경우에는 형식흠결을 주장하는 것이 신의칙에 위반될 수 있다. 모순행위금지원칙에도 불구하고 사후의 모순행위가 인정될 수 있기 위해서는, 사후의 모순된 행위를 인정함으로써 발생하는 결과가 종국적으로는 이전의 행위를 통해서 상대방이 가졌던 그 신뢰를 여전히 보호하는 경우이어야 한다. 즉 사전 행위에 대한 양

52) NZA 1998, 420.

당사자의 신뢰가 최종적이고 확정적인 것이어서 사후의 행위를 임의적인 것으로 평가할 수 있는 경우에는, 일방의 사후적 모순행위에도 불구하고 최종적이고 확정적인 사전행위에 대한 양 당사자의 신뢰는 여전히 보호되는 것이다. 이 사례에서 판례는 양 당사자가 사전에 가졌던 최종적이고 확정적인 신뢰의 내용을 '갑의 근로관계가 계속 존속하고 있음'으로 파악하였다. 요컨대 본 사례에서 모순행위를 인정하는 이유는 모순행위를 주장하는 자의 이익이나 다른 이유에서가 아니라, 양 당사자가 가졌던 본래의 신뢰가 여전히 보호되기 때문이다.

2) 소결

위의 사례들에서 독일법원이 강행법규 위반의 개별 사례에서 모순행위금지원칙의 적용 가부를 판단하게 되는 결정적인 규준은 ① '어느 일방의 선행행위에 근거하여 형성되었던 기존의 상대방의 신뢰내용(구성요건)을 그 일방이 모순되는 후행행위를 통해서 침해했는지' 여부와, ② '어느 일방의 선행행위에 근거하여 형성되었으나 그 일방의 모순된 후행행위에 의해서 침해된 상대방의 신뢰가 강행법규 위반에도 불구하고 구체적 합리성과 타당성에 근거하여 특별히 법적으로 보호할 보다 높은 가치가 있는지' 여부이다. 전자는 모순행위금지원칙의 적용을 위한 「원칙적인 법률적 판단규준」으로 이해해야 하며, 후자는 '강행법규 위반 시'에 모순행위금지원칙의 적용을 위한 「예외적인 법률적 판단규준」으로 이해해야 한다.

다시 말해서 ① 개별 사례에 따라 강행법규 위반에도 불구하고 '침해된 신뢰내용'이 보다 높은 수준의 신뢰인 경우에, ② 구체적인 합리성과 타당성에 기초하여 강행법규의 우위성을 인정하는 것보다 그러한 보다 높은 수준의 신뢰 보호가 궁극적으로 전체 법질서의 수호에 이바지한다면, ③ 결국 신의칙이 적용되어야 하는 것이다.[54] 요컨대 강행법규 위반의 개별 사례에서 모순행위금지원칙의

53) NZA 2005, 162 ff.

54) 강행법규 위반 시에 신의칙이 적용될 수 있다는 결론에 있어서 동일하게 박상언, "강행법규에 위배된 합의의 무효 주장과 신의성실의 원칙", 「민사판례연구」(제37권), 2015, 65쪽. 다만 이 견

적용 가부를 판단하기 위한 「예외적인 법률적 판단규준」은, 각 사안에서 '구체적 합리성과 타당성'에 근거하여 신의칙을 통해 「특별히 법적으로 보호할 가치 있는 보다 높은 수준의 신뢰」가 존재하는지 여부가 되어야 한다.

3. 모순행위금지원칙의 '원칙적-예외적' 요건

위에서 살펴본 모순행위금지원칙의 본래적 의미와 개별 사례들에서 알 수 있듯이, 모순된 행위가 허용될 수 있는지 판단함에 있어서는 '자신의 선행행위를 통해서 상대방에게 특별히 법적으로 보호할 가치 있는 신뢰를 형성시킨 경우에는, 그것과 모순되는 후행행위는 허용되지 않는다'는 명령이 「원칙적인 법률적 판단규준」이 된다. 따라서 원칙적으로 모순행위의 근거가 되는 '규정의 목적'이 무엇인지는 중요하지 않다. 왜냐하면 모순행위금지원칙은 사후적 권리행사자의 보호가 아닌, '본질적으로' 그와 관련되고 그를 신뢰했던 자의 보호를 명령하고 있기 때문이다. 다만, 「강행법규 위반」이 문제가 되는 경우에는 입법자가 강행법규를 통해서 달성하려는 입법목적이 고려되어야 하기 때문에, 이 경우에 한해서 오히려 신의칙에 대한 강행법규의 일반적인 우위성이 인정된다. 그럼에도 불구하고 각 개별 사안에서는 「예외적인 법률적 판단규준」에 따라서 '구체적 합리성과 타당성'에 근거하여 종국적으로 법질서의 대원칙인 법적 안정성과 신뢰보호를 위해서 모순행위금지원칙이 적용될 수 있다.

따라서 강행법규 위반의 사례에서 모순행위금지원칙이 적용될 수 있는지 여부는 결정적으로 「예외적인 법률적 판단규준」인 신뢰의 내용(구성요건)에 근거하여 판단되어야 한다. 일반적으로 신뢰(Vertrauen)는 과거의 경험을 통해서 형성된, 일정한 방향성을 지닌 장래에 대한 기대로서, 법질서 내에서는 '특별히 보호할 가치 있는 신뢰'로 인정되는 경우에 한하여 법률적인 의미를 가진다.[55] 이때

해는 강행법규 위반 시에 신의칙이 적용되기 위해서는 당사자에게 강행법규의 입법목적 등을 '악용'하려는 주관적 귀책사유가 요구된다고 한다. 이에는 동의할 수 없다. 모순행위금지원칙의 본질과 무관하기 때문이다.

'특별히 보호할 가치 있는 신뢰'인지 여부는 법률행위 당시에 존재했던 모든 사정을 종합적으로 고려하여 결정된다. 중요한 것은 고려 가능한 모든 사정이 신뢰당사자에게 신뢰를 형성하도록 허용했어야 한다는 것이다. 더욱이 '강행법규 위반'이 전제되는 경우에는 「특별히 법적으로 보호할 가치 있는 보다 높은 수준의 신뢰」가 요구된다. 요컨대 '강행법규 위반에도 불구하고' 무엇보다 양 당사자 모두에게 또는 어느 당사자에게 신뢰를 야기하는 행위가 명시적・계속적・반복적으로 행해짐으로써 보다 높은 수준의 보호할 가치 있는 신뢰가 형성되었을 때에 한하여 비로소 그 신뢰는 보호받을 수 있는 것이다.

4. 소결

지금까지 비교법적 관점에서 살펴본 독일법상 신의성실의 원칙과 그 구체적 모습인 모순행위금지의 원칙은 다음과 같이 요약될 수 있다.

(i) 신의성실의 원칙은 상이한 입법상 표현방식에도 불구하고, 모든 법질서 내에서 법적 안정성과 신뢰보호라는 대원칙을 수호하기 위한 최후의 보루로서의 의미를 가진다. 무엇보다 신의칙의 강행규범성이 인정된다.

(ii) 따라서 신의칙 및 모순행위금지원칙은 원칙적으로 법질서 내 모든 법영역에서 적용된다. 즉 선행행위를 통해서 상대방에게 특별히 법적으로 보호할 가치 있는 신뢰를 형성한 자의 모순된 후행행위는 원칙적으로 허용되어서는 안 된다(모순행위금지원칙의 「원칙적인 법률적 판단규준」). 다만 강행법규 위반이 문제되는 경우에는 입법자가 강행법규를 통해서 달성하려는 입법목적이 고려되어야 한다. 따라서 강행법규의 위반 사례에서는 일반적으로 신의칙에 대한 강행법규의 적용상 우위성이 인정된다(신의칙에 대한 강행법규의 일반적 우위성).

55) 예컨대 Küpper, Wolfgang, "Das Scheitern von Vertragsverhandlungen als Fallgruppe der culpa in contrahendo", 1988, S. 36 참고.

(iii) 그럼에도 불구하고 개별 사례에서 '구체적 합리성과 타당성'에 근거하여 강행법규를 극복할 수 있는 '특별히 법적으로 보호할 가치 있는 보다 높은 수준의 신뢰'가 인정된다면, 이러한 신뢰는 법질서의 대원칙인 법적 안정성과 신뢰보호를 위해서 강행법규 위반에도 불구하고 보호되어야 한다(강행법규 위반에 따른 「예외적인 법률적 판단규준」).

(iv) 다만 강조했듯이, 대법원 전원합의체 판결이 제시하는 특별한 사정 'ⓕ와 ⓖ'는 강행법규 위반 시에 신의칙의 적용 가부를 판단하기 위한 「예외적인 법률적 판단규준」이 아니라, 근로자의 모순되는 후행행위로 인해 사용자 측에 야기될지도 모를 '사후적이고 외부적이며 파생적인 우연한 사정 또는 사실관계'에 불과하다. 그리고 근로자의 추가 법정수당 청구로 인해 결과적으로 우연히 야기된 '사용자 측의 중대한 경영상 어려움 또는 기업존립의 위태로움'은, 대상 사건을 판결해야 하는 법관으로 하여금 사용자 측의 침해된 신뢰가 특별히 법적으로 보호할 가치 있는 보다 높은 수준의 신뢰라는 점을 단지 확인시켜 주는 역할을 수행할 수 있다.

이때에도 무엇보다 유의해야 할 점은, '추가 법정수당 청구'가 신의칙에 위반되었는지에 대한 법관의 법률적 판단은 오롯이 침해된 사용자 측의 신뢰가 특별히 법적으로 보호할 가치 있는 보다 높은 수준의 신뢰인지 여부에 결정적으로 근거해야 한다는 점이다. 즉, 대법원 전원합의체 판결이 제시하는 특별한 사정 'ⓕ와 ⓖ'는 단지 「사실상의 기능적 관점」에서 이해되어야 하는 것이다.

요컨대 강행법규 위반의 개별 사례에서는 신의칙을 통해서 보호되어야 할 신뢰의 내용(구성요건)이 무엇인지가 신의칙 및 모순행위금지원칙의 적용 가부를 판단하는 결정적인 규준이 된다. 이하에서는 이러한 점들을 염두에 두면서 대법원 전원합의체 판결이 제시했던 신의칙의 적용 요건을 중심으로, 특히 '추가 법정수당 청구'의 사례에서 강행법규 위반 시에 모순행위금지원칙이 적용되기 위한 「예외적인 법률적 판단규준」을 구체적으로 어떻게 이해할 수 있는지 살펴본다.

Ⅲ 모순행위금지원칙의 본질에 따른 대법원 전원합의체 판결의 이해

1. 대법원 전원합의체 판결이 신의칙 적용을 위해 제시하고 있는 일반 요건과 강행법규 위반을 전제로 하는 특별한 사정

우선 대법원 전원합의체 판결이 신의칙 적용을 위해 제시하고 있는 일반 요건과 강행법규 위반을 전제로 하는 특별한 사정을 다시 한 번 나열하면 다음과 같다.

ⓐ 상대방에게 신뢰를 제공하였다거나 객관적으로 보아 상대방이 신뢰를 하는 데 정당한 상태에 있을 것(일반 요건)
ⓑ 상대방의 신뢰에 반하여 권리를 행사할 것(일반 요건)
ⓒ 상대방의 신뢰에 반하는 권리행사가 정의 관념에 비추어 용인될 수 없는 상태에 이를 것(일반 요건)
ⓓ 임금협상 과정을 거쳐 이루어진 노사합의에서 정기상여금은 그 자체로 통상임금에 해당하지 아니한다고 오인한 나머지 정기상여금을 통상임금 산정 기준에서 제외하기로 합의하고 이를 전제로 임금수준을 정했을 것(특별한 사정)
ⓔ 근로자 측이 '이미 일반화되어 관행으로 정착된 것으로 보이는' 임금협상의 방법과 경위, 실질적인 목표와 결과 등은 도외시한 채 임금협상 당시 전혀 생각하지 못한 사유를 들어 정기상여금을 통상임금에 가산하고 이를 토대로 추가적인 법정수당의 지급을 구할 것(특별한 사정)
ⓕ 근로자 측이 노사가 '종래' 합의한 임금수준을 훨씬 초과하는 예상외의 이익을 추구할 것(특별한 사정)
ⓖ ⓕ의 요건으로 말미암아 사용자 측에 예측하지 못한 새로운 재정적 부담을 지워 중대한 경영상의 어려움을 초래하거나 기업의 존립을 위태롭게 할 것(특별한 사정)

2. 강행법규 위반을 전제로 하는 추가 법정수당 청구에 대하여 모순행위금지원칙을 적용하기 위한 요건

위 「ⓐ~ⓖ」의 요건들을 앞서 살펴본 내용들에 근거하여 체계적으로 이해하는 경우에, 최종적으로 '강행법규 위반을 전제로 하는 추가 법정수당 청구에 대하여 모순행위금지원칙을 적용하기 위한 요건'을 「제1 요건」, 「제2 요건」, 「제3 요건」 및 「제4 요건」이라는 이름하에 다음과 같이 확정할 수 있다.

(1) '일반 요건 ⓐ'와 '특별한 사정 ⓓ 및 ⓔ의 관행적인 임금협상과정 부분'은 동가치적인 요건으로 이해되며, 이것을 모순행위금지원칙의 원칙적인 법률적 판단규준인 「제1 요건」으로 인정할 수 있다. 즉, 무효의 근거가 되는 규정의 목적과 상관없이, 상대방에게 신뢰를 제공하였다거나 객관적으로 보아 상대방이 신뢰를 하는 데 정당한 상태에 있다는 점이 모순행위금지원칙의 '첫 번째 원칙적인 법률적 판단규준'이 된다. 다만 강행법규가 위반된 예외적인 사례에서는 강행법규의 취지에 따라서 오히려 강행법규가 모순행위금지원칙에 앞서는 것이 일반적이다.

그러한 이유에서, 이때 무엇보다 중요하게 검토되고 증명되어야 하는 것은, 노사 양 당사자가 노사합의를 통해서 가지게 된 신뢰(Vertrauen)가 강행법규 위반에도 불구하고 법질서 내에서 '특별히 법적으로 보호할 가치 있는 보다 높은 수준의 신뢰'인지 여부이다. 왜냐하면 그러한 신뢰에 한하여 구체적 합리성과 타당성에 근거해서 그 신뢰내용(구성요건)이 모순행위금지원칙의 적용을 위한 「예외적인 법률적 판단규준」으로 인정될 수 있기 때문이다.

대법원 전원합의체 판결이 인정하고 있는 이미 일반화되어 「관행」으로 정착된 것으로 보이는 임금협상과정을 보면, "노사가 자율적으로 임금협상을 할 때에는 기업의 한정된 수익을 기초로 하여 상호 적정하다고 합의가 이루어진 범위 안에서 임금을 정하게 되는데, 우리나라의 실태는 임금협상 시 임금 총액을 기준으로 임금 인상 폭을 정하되, 그 임금 총액 속에 기본급은 물론, 일정한 대상기간에 제공되는 근로에 대응하여 1개월을 초과하는 일정 기간마다 지급되는 상여금(이하 '정기상여금'이라고 한다), 각종 수당, 그리고 통상임금을 기초로 산정되는 연장·야간·휴일 근로 수당 등의 법정수당까지도 그 규모를 예측하여 포함시키는 것이 일반적"이라고 한다. 그리고 "이러한 방식의 임금협상에 따르면, 기본급, 정기상여금, 각종 수당 등과 통상임금에 기초하여 산정되는 각종 법정수당은 임금 총액과 무관하게 별개 독립적으로 결정되는 것이 아니라 노사 간에 합의된 임금 총액의 범위 안에서 그 취지에 맞도록 각 임금 항목에 금액이 할당되고, 각각의 지급형태 및 지급시기 등이 결정된다는 의미에서 상호 견련관계가 있다"고 한다. 무엇보다 대법원 전원합의체 판결은 "우리나라 대부분의 기업에서는 정기상여금은 그 자체로 통상임금에 해당하지 아니한다는 전제 아래에서, 임금협상 시 노사가 정기상여금을 통상임금에서 제외하기로 합의하는 실무가 장기간 계속되어 왔고, 이러한 노사합의는 일반화되어 이미 관행으로 정착된 것으로 보인다"는 점을 인정하였다.

이처럼 노사가 합의를 통해 정기상여금을 통상임금에서 제외시킬 수 있었던 데에는 고용노동부예규 제47호 '통상임금지침'이 매우 중요한 의미를 가졌을 것으로 보인다. 이 통상임금지침서는 정기상여금이 통상임금이 아닌, 평균임금에 속한다고 분명히 명시하고 있다. 따라서 대법원 전원합의체 판결 이전에는 이 통상임금지침서에 근거하여 '지속적이고 반복적으로, 진실하고 성실하게' 노사가 협의과정을 거쳐 합의에 이를 수 있었고, 그 결과 정기상여금을 통상임금에서 배제하는 합의가 (노동)관행으로 여겨질 만큼 실무적으로 장기간 계속되어 왔다면, 적어도 대법원 전원합의체 판결 이전에 노사 양 당사자가 '정기상여금이 통상임금에 포함되지 않는다'는 점에 대해서 「함께」 가졌던 신뢰는, 비록 대법원 전원합의체 판결 이후에 그러한 합의가 강행법규 위반으로 확인되었다 하더라도, 각 상대방의 모순되는 후행행위에 의해 침해되어서는 안 되는 '특별히 법적으로 보호할 가치 있는 보다 높은 수준의 신뢰'라고 판단된다.

또한 주지하는 것처럼 노동관행의 존재는 통상적으로 근로자가 사용자에 대해서 주장하고 다투게 된다. 사용자의 일정한 행태가 유형화되어 규칙적으로 반복되고, 근로자가 그러한 행태유형에 근거하여 일정한 급부 내지 이익이 계속적으로 보장될 것이라고 기대할 수 있다면, 그 일정한 행태유형의 규칙적인 반복은 노동관행으로서 인정될 수 있다. 이때 사용자의 규칙적이고 반복적인 행태, 즉 일정한 사실적 급부가 반복되는 경우에 근로자들은 앞으로도 그와 동일한 급부를 받게 될 것이라는 신뢰를 하게 되고, 이러한 신뢰는 보호되어야 하는 것이다. 따라서 근로자의 신뢰보호가 청구권의 근거로서 작용하게 된다.[56] 요컨대 노동법 영역에서 노동관행이 가지는 이러한 의미를 고려할 때, 더욱이 노사가 함께 형성해온 '정기상여금을 통상임금에서 배제시켜 온 관행'에 대한 신뢰는, 대법원 전원합의체 판결을 통해서 비로소 강행법규 위반이었음이 확인되었다고 하더라도, 각 상대방의 모순되는 후행행위에 의하여 침해되어서는 안 될 '특별히 법적으로 보호할 가치 있는 보다 높은 수준의 신뢰'라고 판단된다.

나아가 비록 결과적으로 정기상여금의 통상임금성이 인정되었지만, 그럼에도 불구하고 정기상여금이 통상임금인지의 여부가 대법원 전원합의체 판결 내에서도 첨예하게 대립했다는 사실 또한 명백하다. 사정이 이러한데, 과연 법관이 아닌 노사 양 당사자에게 정기상여금의 통상임금성을 인정하여 이를 기초로 임금협상을 하도록 기대하기는 불가능했을 것이다. 따라서 정기상여금이 통상임금에서 배제된 채로 단체협약이 이루어졌다고 해서, 그 단체협약에 대해 가졌던 신뢰를 과연 노사가 강행법규를 '위반'했다는 이유에서 배척해야 하는지 의구심이 들지 않을 수 없다. 요컨대 노사 양 당사자가 통상임금지침 및 노동관행에 근거하여 함께 지속적이고 반복적으로, 진실하고 성실하게, 무엇보다 양 당사자의 이익에 부합하도록 형성시켜온 '정기상여금이 통상임금에서 배제된다'는 점에 대한 신뢰는, 그 이후에 단체협약이 강행법규에 위반되었음을 전제로 배척되어서는 안 된다. 오히려 그러한 신뢰는 '특별히 법적으로 보호할 가치 있는 보다 높은 수준의 신뢰'라고 인정되며, 법질서의 대원칙인 법적 안정성과 신뢰보호를 위해서 보존되고 유지되어야 할 것이다.

더욱이, 만약 정기상여금을 통상임금에서 배제하는 노사합의의 강행법규 위반에 대한 근로자의 주장이 인정되어야 한다면, 이는 결국 근로자가 스스로 사용자와의 합의를 통해 정당하게 형성한, 단체협약으로부터 주어지는 확정적이고

56) 김형배, 「[illegible] 노동법」, 박영사 2017, 90쪽 ; Zöllner/Loritz/Hergenröder, Arbeitsrecht, 6. Aufl., 2008, S. 61 f. ; Die LAG Hamm, Urteil vom 27.3.2015 – 13 Sa 1701/11 참고

기대 가능한 임금에 대한 「자기신뢰」를 모순행위에 의해서 스스로 파괴해 버리는 결과가 된다. 만약 법질서가 단지 강행법규 위반이라는 이유만으로 근로자의 추가 법정수당 청구권을 인정한다면, 이는 근로자가 자기신뢰를 파괴하면서까지, 그리고 그것을 통해 상대방에게 불측의 경제적 위험을 야기하면서까지, 나아가 양 당사자가 정당하게 형성하고 유지해온 그들 사이의 규범성까지 배척하면서, 근로자 스스로도 애초에 전혀 예상하지 못했던 초과이익을 법질서가 단지 강행법규 위반이라는 이유만으로 보장해 주게 되는 결과가 된다. 이는 법질서가 궁극적으로 수호해야 하는 법적 안정성과 신뢰보호에 반하는 것으로서 동의하기 어렵다.

따라서 적어도 대법원 전원합의체 판결 이전에 노사자치(Tarifautonomie)에 의하여 성립한 「정기상여금을 통상임금에서 배제하기로 하는 노사합의와 그에 대한 신뢰(Vertrauen)」는 ① 그동안 '통상임금산정지침' 및 '협의에 따른 관행'에 근거하여 지속적으로 형성되어 왔고, ② 이는 내용적으로나 시간적으로 노사 양 당사자 측에서 충분히 성숙하였으며, ③ 무엇보다 그러한 합의가 노사 양 당사자의 이익에 부합하여 왔다는 점에서, '특별히 법적으로 보호할 가치 있는 보다 높은 수준의 신뢰'라고 판단된다. 그러한 신뢰는, '단지' 강행법규 위반인 점에 기초하여 근로자가 모순된 후행행위를 주장함으로써 야기되는 '노사관계 내의 법적 안정성과 신뢰 및 법질서의 파괴(破壞)'를 방지하기 위해서도 반드시 보호되어야 한다.

요컨대 '추가 법정수당 청구'의 사례에서 위와 같이 검토되고 증명되어 확정될 수 있는 '특별히 법적으로 보호할 가치 있는 보다 높은 수준의 신뢰'의 존재가 「제4 요건」이 되고, 강행법규 위반에도 불구하고 예외적으로 모순행위금지원칙이 적용되기 위한 「예외적인 법률적 판단규준」이 된다. 말하자면 신의칙(모순행위금지의 원칙)은 일반적으로 강행규정의 사례에서 그 적용이 배제될 수 있으나, 예외적으로 "특별히 법적으로 보호할 가치가 있는 보다 높은 수준의 신뢰"가 존재하는 경우에는 신의칙 적용이 긍정되어져야 하는 것이다. 이는 특히 과거 노사간의 총 급여에 대한 합의가 단순히 채권적 효력만을 갖는 것이 아니라, 실제 근로기준법과 함께 노동법의 법원으로서의 기능을 하는 "단체협약"으로 정해졌다는 점, 그리고 그러한 "단체협약"에서도 임금 등 근로조건의 경우 "규범적 효력"을 갖추고 있다는 점을 고려한다면, 그러한 "규범적 효력"을 가지는 노사 간 합의에 대한 신뢰(Vertrauen)는, 신의칙 주장이 강행규정과 상충하더라도 「특별히 법적으로 보호할 가치가 있는 보다 높은 수준의 신뢰」로서 인정되어야 하는 것이다.

(2) '일반 요건 ⓑ'와 '특별한 사정 ⓔ의 추가적인 법정수당 지급청구 부분'은 동가치적인 동일한 요건으로 이해된다. 따라서 이것을 모순행위금지원칙의 '두 번째 원칙적인 법률적 판단규준'인 「제2 요건」으로 인정할 수 있다. 근거는 앞에서 검토한 바와 같다.

(3) '일반 요건 ⓒ'는 앞에서 언급했던 것처럼 양 당사자의 합의가 성립했던 그 당시를 염두에 둔 것으로 이해해야 한다.[57] 그런 경우에 한하여 모순행위금지원칙의 '세 번째 원칙적인 법률적 판단규준'인 「제3 요건」으로 인정될 수 있다.

(4) 대법원 전원합의체 판결이 제시했던 'ⓕ와 ⓖ의 특별한 사정'은 「원칙적인 또는 예외적인 법률적 판단규준」이 아닌, '사후적이고 외부적이며 파생적인 우연한 사정 또는 사실관계'에 불과한 것으로서, 신의칙 및 모순행위금지원칙의 적용 가부를 판단함에 있어서는 고려하지 않아야 하고 고려되어서도 안 되는 요소들이다. 다만 'ⓕ와 ⓖ의 특별한 사정'은 법관으로 하여금 침해된 신뢰가 '특별히 법적으로 보호할 가치 있는 보다 높은 수준의 신뢰'라는 점을 명확히 확인시켜주는 사실상의 기능적 역할을 수행할 수 있다.

(5) 결론적으로 대법원 전원합의체 판결을 통해서 정기상여금의 통상임금성이 확인됨에 따라 주장되는, 강행법규 위반을 전제로 하는 '추가 법정수당 청구권'에 대하여 모순행위금지원칙이 적용되기 위한 「법률적 판단규준」은 다음과

57) 이 책 제2장 Ⅲ. 2.

같이 확정될 수 있다. 그리고 이때 반드시 염두에 두어야 하는 것은, 모순행위금지원칙의 적용 가부를 결정하기 위한 「원칙적인 법률적 판단규준」과, 강행법규 위반을 전제로 하는 '추가 법정수당 청구'라는 개별 사례에 있어서 「예외적인 법률적 판단규준」을 구분해야 한다는 점이다.

[모순행위금지원칙을 적용하기 위한 법률적 판단 규준]

- **원칙적인 법률적 판단규준**
  - 제1 요건 : 상대방에게 신뢰를 제공하였다거나 객관적으로 보아 상대방이 신뢰를 하는 데 정당한 상태에 있을 것
  - 제2 요건 : 어느 일방이 후행행위를 통해 그의 선행행위에 근거하여 형성되어 있는 상대방의 신뢰에 반해서 권리를 행사할 것
  - 제3 요건 : 그러한 일방 당사자의 '현재'의 권리행사가 당사자 간 특별결합관계 및 신뢰내용(구성요건)의 형성 과정을 고려할 때 정의 관념에 비추어 용인될 수 없는 상태에 이를 것

- **'강행법규 위반을 전제로 한' 예외적인 법률적 판단규준**
  - 제4 요건 : 「특별히 법적으로 보호할 가치 있는 보다 높은 수준의 신뢰」가 존재할 것
    - 예컨대, 「강행법규 위반」을 전제로 한 '추가 법정수당 청구'에 있어서는 노사 양 당사자가 각 상대방에게 또는 일방 당사자가 그 상대방에게 임금교섭 과정을 통해서 형성된 「특별히 법적으로 보호할 가치 있는 보다 높은 수준의 신뢰」가 존재할 것

3. 소결

이상에서 대법원 전원합의체 판결을 통해 정기상여금이 통상임금에 포함된다는 점이 확인됨으로써 주장되고 있는 추가 법정수당 청구권과 관련하여, 강행법규 위반을 전제로 하는 신의칙의 적용 요건, 정확히는 모순행위금지원칙의 적용 요건을 살펴보았다. 확정되었듯이 우선 위에서 검토된 「제1 요건」, 「제2 요건」과

「제3 요건」의 「원칙적인 법률적 판단규준」이 모두 충족되는 경우에는 모순행위금지원칙이 적용될 수 있다. 특히 강행법규 위반에 있어서는 「예외적인 법률적 판단규준」인 '특별히 법적으로 보호할 가치 있는 보다 높은 수준의 신뢰'가 존재하는 경우에 한하여 모순행위금지원칙의 위반이 인정된다. 결국 ① 통상적인 사례에서는 「제1 요건」, 「제2 요건」과 「제3 요건」이 모두 충족되면 모순행위금지원칙이 적용되고, ② 다만 예외적인 사례, 즉 강행법규 위반 시에는 위 세 요건 외에 추가적인 「제4 요건」이 충족되는 경우에 한하여 일방의 선행행위와 모순되는 후행행위는 법질서 내에서 보호받지 못하게 된다.

'추가 법정수당 청구'에 대한 모순행위금지원칙의 적용 가부를 검토함에 있어서 반드시 유의해야 할 점은, 대법원 전원합의체 판결이 제시하고 있는 ① 근로자가 모순된 후행행위를 통해서 결과적으로 「우연히」 예상외의 초과이익을 추구하게 되었는지 또는 ② 근로자의 모순되는 후행행위가 「우연히」 사용자에게 예상치 못한 새로운 재정적 부담을 지워 중대한 경영상의 어려움을 초래하거나 기업의 존립을 위태롭게 했는지 여부가 「모순행위금지(venire contra factum proprium)의 법원칙(Rechtsgrundsatz)」을 적용함에 있어서 「법률적 판단규준」이 될 수 없다는 점이다. 그러한 우연적 결과는 단지 '사후적이고 외부적이며 파생적인 우연한 사정 또는 사실관계'이며, 단지 법관으로 하여금 침해된 신뢰가 '특별히 법적으로 보호할 가치 있는 보다 높은 수준의 신뢰'라는 점을 명확히 확인시켜주는 사실상의 기능적 역할을 수행할 뿐이다.

종국적으로 '통상임금 소송에서 강행법규 위반 시에 추가 법정수당 청구가 모순행위금지원칙에 반하는지 여부'는 사용자 측에 '특별히 법적으로 보호할 가치 있는 보다 높은 수준의 신뢰가 존재하는지 여부'에 의해서 결정된다. 결코 근로자의 추가 법정수당 청구로 인해 사용자 측에 우연히 야기될지도 모를 사정 내지 사실관계인 중대한 경영상의 어려움 또는 기업존립의 위태로움이 결정적이어서는 안 된다. 이러한 결론에 터 잡아 이하에서는 신의칙 관련 하급심 판결들을 비판적으로 분석해보고자 한다.

제 4 장 신의칙 관련 대표적인 하급심 판결들의 비판적 분석

I 신의칙 적용 가부의 '판단기준'에 따른 하급심 판결들의 유형적 분석

1. 유형적 분석의 필요성

앞서 언급했듯이, 이른바 '추가 법정수당 청구' 관련 사건들에서 대부분의 하급심들은 '경영상 지표'에 근거하여 신의칙의 적용 가부를 판단하고 있다. 문제는 확인된 것처럼, 그러한 '경영상 지표'라는 사정 내지 사실관계가 신의칙의 적용 가부를 결정하기 위한 '법률적 판단규준'이 될 수 없다는 점이다. 그리고 '경영상 지표'가 '법률적 판단규준'이 될 수 없는 결정적인 이유는 결국 '경영상 지표'의 본질을 이루는 '우연성(Zufälligkeit)' 때문이다.

'우연성(Zufälligkeit)'의 문제점은, 예측 불가능했던 근로자의 추가 법정수당 청구가 그 자체로서 단지 손해(=불측의 추가적인 지출 비용)라는 의미를 넘어서,[58] 과연 그 규모(Umfang)에 따라 사용자 측에 중대한 경영상 어려움 또는 기업존립의 위태로움을 '야기한다'거나 또는 '야기하지 않는다'고 일관되게 판단할 수 있느냐 하는 점이다.

임금협상 관행에 비추어보면, 사용자와 근로자가 자율적으로 임금협상을 할 때에는 '협상 당시'를 기준으로 기업의 한정된 수익에 기초하여 상호 적정하다고 합의가 이루어진 범위 안에서 임금을 정하게 된다. 이때 임금 총액을 기준으로 '임금 인상 폭'을 정하되, 그 임금 총액 속에 기본급은 물론, 정기상여금, 각종 수

---

58) 이와 관련하여 일반 요건 ⓒ의 해석 가능성 참고(이 책 제2장 Ⅲ. 2. 1) (1)).

당 및 통상임금을 기초로 산정되는 연장·야간·휴일 근로 수당 등의 법정수당까지도 그 규모를 '예측하여' 포함시키게 된다. 요컨대 일반적으로 매년 이루어지는 임금협상은 '협상 당시'를 기준으로 '예측 가능한 범주'에서 '임금 인상 폭'을 정함으로써 이루어지게 되는 것이다.

따라서 임금협상 당시에 전혀 예측 불가능했던 추가 법정수당 청구가, 그 자체로서 손해라는 의미를 넘어서, 사용자 측에 중대한 경영상 어려움 또는 기업존립의 위태로움을 야기하게 될지 여부는 절대적으로 우연성(Zufälligkeit)에 의존해서 결정될 수밖에 없다. 또한 추가 법정수당 청구로 인해 발생한 '확정적인' 추가 지출 비용이 사용자 측에 중대한 경영상 어려움 또는 기업존립의 위태로움을 야기하는지는 이를 판단하는 법관의 관점에 따라 달라질 수 있다. 그 결과 우연성을 법률적 판단규준으로 삼고 신의칙의 적용 가부를 판단하는 하급심들은 '동일한 추가 지출 비용'에 대해 제1심과 항소심이 상충하는 판결을 내리게 되는 치명적인 문제점을 안게 되는 것이다(대표적인 사례인 '만도사건' 참고).

그러나 근로자의 추가 법정수당 청구가 신의칙에 반하는지 여부를 전혀 다른 기준에 근거하여 판단하는 하급심('현대중공업 사건 (II)' 참고)도 존재한다. 동 하급심은 추가 법정수당 청구로 인해 야기되는 경영상의 지표, 즉 사후적이고 외부적이며 파생적인 우연한 사정 내지 사실관계가 아닌, 신의칙의 본질론에 근거하여 신의칙의 위반 여부를 판단하고 있는 것으로 이해된다. 특히 이러한 하급심 유형에 따르면, 우연한 사정 내지 사실관계를 바라보는 법관의 자의적 판단이 배제될 수 있다. 왜냐하면 어떠한 사례에서도 법관은 「명시적이고 확정적이며 통일적인 법률적 판단규준」인 '신의칙의 본질'에 근거하여 신의칙의 위반 여부를 판단할 수 있기 때문이다.

이하에서는 경영상 지표에 따른 하급심과 신의칙의 본질론에 따른 하급심을 유형별로 구분하여 소개한다. 그리고 소개된 하급심 가운데 이른바 '기아자동차 사건'과 '만도사건' 그리고 '현대중공업 사건 (II)'를 대비하여 비판적으로 분석한다. 이로써, 앞서 확정되었던 '통상임금 소송에서 신의칙 적용 판단기준'을 보다 명확하게 이해하고, 무엇보다 경영상 지표에 따른 판단의 부당함을 비판해 보고자 한다.

2. 경영상 지표에 따른 판결

1) 현대중공업 사건 (I)

(1) 제1심 판결 : 울산지법 2015.2.12. 선고 2012가합10108 판결

판결요지

신의칙 적용 부정

신의칙은 강행규정인 근로기준법에 의한 기본권리의 행사를 제한하는 것이므로 위 법보다 신의칙을 우선하여 적용하는 것을 수긍할 만한 특별한 사정이 있는 예외적인 경우에 한하여 적용되는 것이라고 보아야 한다. 그러므로 이 사건 상여금을 통상임금에서 제외하는 것을 한 실무나 관행이 장기간 계속되었다는 사정만으로는 그 적용을 바로 인정할 수 없고, 이에 추가하여 이로써 사용자에게 중대한 경영상의 어려움을 초래하거나 기업의 존립을 위태롭게 하는 등 종국적으로 근로자 측에까지 피해가 미치게 되는 결과를 초래할 수 있어 정의와 형평 관념에 비추어 용인될 수 없다는 정도의 사정까지 인정될 것을 요한다. 그리고 근로자들이 강행규정인 근로기준법에 의하여 인정되는 권리를 행사하는 것이라는 점, 당해 법정수당의 근거가 되는 과거의 연장근로, 휴일근로로 생산한 부분의 이득은 이미 피고가 향유하였다는 점을 고려하면, 일반적인 경우와 비교할 때 정의와 형평 관념에 위배되는 정도가 보다 명확하고 심각하다고 인정되는 정도에 이르러야 신의칙에 위반된다고 할 수 있다고 봄이 상당하다.

(중략)

피고가 2012년까지 상당한 당기순이익을 거둬왔으므로 2014년의 적자에도 재무상태가 매우 악화되어 있을 것으로 보이지 아니하는 점 등을 종합해 보면, 피고의 기업 규모, 과거로부터 지속되어 온 경영성과 등에 비추어 볼 때, 원고들이 청구하는 금액을 피고가 추가로 지급하게 되는 경우, 그 금액의 지급으로 피고에게 중대한 경영상의 위기가 초래된다거나 기업의 존립 자체가 위태롭게 된다고 인정하기는 어렵다.

(2) 항소심 판결 : 부산고법 2016.1.13. 선고 2015나1888 판결

판결요지

신의칙 적용 긍정

상여금을 통상임금에 포함하여 미지급 법정수당 등의 추가 지급을 구하는 것은 노사가 합의한 임금수준을 훨씬 초과하는 예상외의 이익을 추구하고 그로 말미암아 피고에게 예측하지 못한 새로운 재정적 부담을 지워 중대한 경영상의 어려움을 초래하거나 피고의 존립을 위태롭게 하는 것으로서 정의와 형평의 관념에 비추어 도저히 용인될 수 없으므로, 원고들의 이 사건 청구는 신의칙에 위배되어 허용될 수 없다고 봄이 상당하다.

2) 만도 사건

(1) 제1심 판결 : 수원지법 평택지원 2016.1.13. 선고 2012가합5010, 2013가합135(병합), 2013가합845(병합) 판결

판결요지

신의칙 적용 긍정

원고들이 이 사건 2상여금을 통상임금에 포함하여 법정수당의 추가 지급을 구하는 것은 노사가 합의한 임금수준을 훨씬 초과하는 예상외의 이익을 추구하고 그로 말미암아 피고회사에게 예측하지 못한 재정적 부담을 지워 중대한 경영상의 어려움을 초래하거나 피고회사의 존립을 위태롭게 하게 되어 형평의 관념에 비추어 도저히 용인될 수 없으므로, 원고들의 이 사건 청구는 신의성실의 원칙에 위배되어 허용될 수 없다.

(2) 항소심 판결 : 서울고법 2017.11.8. 선고 2016나3920, 2016나3937(병합), 2016나3944(병합) 판결

판결요지

신의칙 적용 부정

(중략)

라) 피고의 추가 법정수당 예상 지급액과 피고의 매출액, 영업이익과 당기순이익 규모, 피고의 투자규모와 그 내역, 자금조달능력에 비추어 보면, 짝수 달 상여금을 통상임금에 포함하여 재산정한 추가 법정수당의 지급으로 인해 매출액 대비 영업이익률이 그리 높지 않은 피고가 단기적으로는 어느 정도 경영상의 어려움을 겪

을 가능성이 있더라도, 그 경영상 어려움의 정도가 원고들의 추가 법정수당 지급 청구를 신의칙 위반이라고 볼 정도의 중대한 경영상 어려움을 초래하거나 피고의 존립을 위태롭게 할 정도에 이른다고 단정하기 어렵다 할 것이다.

3) 한국지엠 사건 : 대법원 2014.5.29. 선고 2012다116871

- 신의칙 적용을 배척했던 원심 '서울고법 2012.11.23. 선고 2012나23773 판결'을 파기・환송하였음

판결요지

신의칙 적용 긍정

(중략)

다) 피고와 노동조합은 이 사건 정기상여금이 통상임금에 해당하지 아니한다고 신뢰하여 이 사건 정기상여금을 통상임금에서 제외하기로 합의하고 이를 기초로 임금협상을 하였으며, 이러한 노사합의에도 불구하고 피고로 하여금 이 사건 정기상여금이 산입된 통상임금을 토대로 법정수당을 재산정한 다음 이미 지급한 법정수당과의 차액을 추가로 지급하도록 할 경우 피고로서는 예측하지 못한 새로운 재정적 부담을 지게 되어 중대한 경영상의 어려움을 초래한다고 볼 여지가 있다고 할 수 있다.

4) 기아자동차 사건

- 제1심 판결 : 서울중앙지법 2017.8.31. 선고 2011가합105381, 105398, 105404, 105411 (민사 41부)

판결요지

신의칙 적용 부정

(중략)

피고가 앞서 본 바와 같은 부담이나 악화를 겪는다 하더라도, 그러한 부담이나 악화의 정도가 피고가 감당할 수 없을 만큼의 기업의 '중대한 경영상 어려움'을 초래하거나 '기업의 존립을 위태'롭게 할 것이라 단정하기 어렵고, 위와 같은 부담이나 악화만으로 근로기준법의 강행규정성에도 불구하고 신의칙을 우선하여 적용하는 것을 수긍할 만한 특별한 사정이 있다고 보기 부족하다. 나아가 '중대한 경영상의 어려움'이나 '기업 존립의 위태'는 모두 모호하고 불확정적인 내용으로서, 도대

체 추가 부담액이 어느 정도가 되어야 그러한 요건을 충족한다는 것인지 알 수 없으므로 이를 인정함에 있어서는 엄격하게 해석·적용하여야 한다.

5) 현대제철 사건[59]

- 제1심 판결 : 인천지법 2018.10.26. 선고 2014가합7151 (민사 11부)

판결요지

신의칙 적용 부정

피고가 앞에서 본 바와 같은 경제적 부담이나 경영상태의 악화를 겪는다고 하더라도, 그러한 부담이나 악화의 정도가 피고가 감당할 수 없을 만큼의 기업의 중대한 경영상 어려움을 초래하거나 기업의 존립을 위태롭게 할 것이라 단정하기 어렵다. 따라서 위 가)항과 같은 사정만으로는 근로기준법의 강행규정성에도 불구하고 신의칙을 우선하여 적용하는 것을 수긍할만한 특별한 사정이 있는 예외적인 경우라고 볼 수 없다.

(중략)

나아가 '중대한 경영상의 어려움'이나 '기업 존립의 위태'는 모두 모호하고 불확정적인 내용으로서, 도대체 추가 부담액이 어느 정도가 되어야 그러한 요건을 충족한다는 것인지 알 수 없으므로 이를 인정함에 있어서는 엄격하게 해석·적용하여야 한다. 마지막으로 상호 신뢰를 기초로 하여 노사합의를 이루어 자율적이고 조화로운 관계를 유지하며 공동의 이익을 추구해 온 노사관계를 고려하면 근로자들이 회사의 '중대한 경영상의 어려움'이나 '기업 존립의 위태'라는 결과발생을 방관하지 않을 것으로 보이고, 향후 노사합의를 통하여 충분히 발전적인 방향으로 해결될 수 있으리라 짐작된다.

59) 앞의 기아자동차 사건 1심 판결의 요지와 내용이 거의 비슷하다는 점이 이 판결의 특징이다.

3. 신의칙의 '본질론'에 근거한 판결

– 제1심 판결 : 울산지법 2018.5.30. 선고 2015가합2351

판결요지

신의칙 적용 긍정

(중략)

① 2012다89399 전원합의체 판결이 선고된 이후라도 통상임금에 해당하는 상여금을 고려한 실질적인 임금체계 개편이 이루어지지 않는 이상 종전의 단체협약 내지 취업규칙의 효력이 계속 유지된다고 보는 것이 노사간의 이해관계 및 형평에 맞는 점, ② 위 2012다89399 전원합의체 판결이 선고되었다고 하여 이 사건 상여금이 통상임금에 해당한다는 사실이 명백해졌다고 할 수 없는 점, ③ 피고의 노동조합과 피고로서는 이 사건 상여금(명절상여 포함)이 통상임금에 해당하는지를 이 사건 판결이 확정될 때까지 알 수 없으므로, 이에 관한 기준이 마련되지 않은 상태에서는 통상임금 재산정을 위한 단체협약을 체결하기도 어려울 것으로 보이는 점, ④ 피고의 근로자들에 대한 실질적인 임금체계의 개편이 이루어지지 않은 상태에서 피고가 근로자들에게 이 사건 상여금의 통상임금 산입에 따른 추가임금을 지급하여야 한다면, 피고로서는 지급능력 범위 내에서 임금을 협상하도록 하는 기회를 상실하게 되어 부당한 점 등에 비추어 보면, 2012다89399 전원합의체 판결 선고 이후의 추가임금청구 부분 역시 적어도 이 사건 상여금이 통상임금에 해당된다는 판결이 확정되기 전까지는 신의칙에 반하여 허용될 수 없다고 봄이 상당하다.

4. 평가

위에서 유형별로 구분하여 소개한 하급심 판결들이 보여주듯이, 대법원 전원합의체 판결 이후 통상임금 소송에서 신의칙을 적용할 것인지 여부는 여전히 '명시적이고 확정적이며 통일적인 판단규준'에 의하지 않고 있다. 우선 관련 대상 하급심 판결들은 '내체로' 경영상 지표에 근거하여 근로자의 추가 법정수당 청구가 사용자에게 중대한 경영상 어려움을 초래하는지 혹은 기업의 존립을 위태롭게 하는지 여부를 기준으로 신의칙 적용 가부를 판단하고 있다. 즉 사용자 측에 '중대한 경영상 어려움' 또는 '기업 존립의 위태'라는 일정한 사실관계가 근로자의 추가 법정수당의 청구에 의해서 야기되는지 여부가 신의칙 적용 가부의 판단규준이 되고 있는 것이다. 현대중공업 사건 (I), 만도 사건, 한국지엠 사건, 기아자동차 사건, 현대제철 사건이 그러하다. 특히 기아자동차 사건과 만도 사건에 대한 하급심의 판결들은 불확정적이고 불안정한 기준, 즉 사후적이고 외부적이며 파생적인 우연한 사정 내지 사실관계가 법률적 판단기준이 되는 경우에 어떠한 문제점들이 발생할 수 있는지를 여실히 보여주는 판결이라고 하겠다.

그러나 다른 한편으로 신의칙의 본질론적 관점에서 이를 법률적 판단규준으로 삼아 신의칙의 적용 가부를 판단하는 하급심 판결도 존재한다. 바로 「현대중공업 사건 (II)」가 그러하다. 동 판결은 앞서 언급된 대체적인 경향의 하급심 판결들과 다르게, 신의칙의 적용 가부를 판단함에 있어서 근로자의 추가 법정수당 청구가 일정한 사실관계를 초래하는지 여부를 그 기준으로 삼지 않는다. 이와 무관하게, 동 판결은 신의칙이 전체 법질서에서 가지는 본질적 의미와 위상에 근거하여 이를 법률적 판단규준으로 삼아 신의칙의 적용 가부를 판단하는 것으로 이해된다. 요컨대 동 판결은 신의칙 적용 가부를 신의칙의 본질론에 근거하여 결정하고 있는 것이다.

이하에서는 극명하게 대조를 이루는 '기아자동차 사건 및 만도 사건'과 '현대중공업 사건 (II)'를 대조적인 관점에서 비판적으로 검토해보고자 한다.

II 대법원 전원합의체 판결의 잘못된 이해에 따른 판결

- '기아자동차 사건'에 대한 비판적 검토
- 제1심 판결 : 서울중앙지법 2017.8.31. 선고 2011가합105381, 105398, 105404, 105411 (민사 41부)[60]

60) 이하에서 소개되는 기아자동차 사건 제1심 판결문은 「내용의 변화 없이」 비판적 검토의 용이성을 위해서 저자가 다시 정리한 것임을 밝혀둔다.

1. 사실관계

(1) 인정사실

가. 당사자들의 지위

① 피고는 자동차를 제조·판매하는 회사로서, 화성공장, 광주공장, 소하리공장 3개의 생산 공장과 전국 각지에 자동차 판매를 위한 판매지점, 정비서비스 등을 제공하기 위한 서비스지점을 운영하고 있다.

② 원고들은 별지 1 '원고 목록'의 '직군'란 기재와 같이 피고 소속 일반직, 영업직, 생산직, 기술직, 별정직 근로자들이거나 소송수계인들이다(소송수계인들이 각 별지 1 '원고 목록'의 망인들을 각 상속지분별로 상속하였다. 이하 소송수계인들을 포함하여 '원고들'이라고만 한다).

나. 임금 등의 지급

① 피고는 2008.8.부터 2011.10.까지(이하 '이 사건 청구기간'이라 한다) 상여금과 영업직 근로자들에게 지급된 일비, 중식대를 제외하고 ① 기본급과 ② 각 직종별 통상수당을 기초로 시간급 통상임금을 아래와 같이 산정하였고, 이를 기초로 근로자들(일반직, 영업직, 기술직, 생산직, 별정직)에게 연장근로수당, 야간근로수당, 휴일근로수당을 지급하였다.

시간급 통상임금=(기본급÷240시간)+(통상수당÷226시간)

② 한편, 피고는 이 사건 청구기간 동안 상여금과 영업직 근로자들에게 지급된 일비, 중식대를 제외하고 통상임금을 산정하고, 이를 기초로 영업직 근로자들에게 연차휴가수당을 아래와 같이 산정하여 지급하였다.

연월차 수당=(통상임금+특근수당)÷30×150%×연월차미사용일수

(2) 당사자의 주장

가. 원고들의 주장

① 원고 정○철의 주장 내용

가) 피고가 영업직 근로자인 원고 정○철에게 지급해 온 상여금, 일비(1일

12,000원), 중식대(월 11만 원)가 통상임금에 해당함에도 피고는 이를 제외한 채 통상임금을 산정한 후 이를 기초로 특근수당(고정연장근로수당), 휴일근로수당(중식시간 제외), 연차휴가수당을 지급하였다. 따라서 피고는 원고 정○철에게 상여금, 중식대, 일비를 통상임금에 포함하여 재산정한 특근수당(고정연장근로수당), 휴일근로수당(중식시간 포함), 연차휴가수당 중 미지급분을 지급할 의무가 있다(다만, 계산상 오차범위 내인 1,000원 미만은 버리는 것으로 구한다).

나아가 미지급 특근수당(고정연장근로수당), 휴일근로수당(중식시간 포함), 연차휴가수당을 계산함에 있어 시간당 통상임금은 노사 합의에 따라 아래와 같은 산식에 따라 산정되어야 한다.

시간급 통상임금=(기본급÷240시간)+(통상수당÷226시간)+(상여금 월할액÷243시간)

나) 예비적으로 시간당 통상임금을 산정함에 있어 월 소정근로시간을 243.33시간이라고 판단하는 경우, 원고 정○철은 피고를 상대로 미지급 특근수당(고정연장근로수당), 휴일근로수당(중식시간 포함), 연차휴가수당에 더하여 3시간분의 기본급, 17시간분의 통상수당을 추가로 구한다.

② 원고 정○철을 제외한 나머지 원고들(이하 '나머지 원고들'이라 한다)의 주장 내용

피고가 나머지 원고들에게 지급해 온 상여금이 통상임금에 해당함에도 피고는 이를 제외한 채 통상임금을 산정한 후 이를 기초로 연장근로수당, 야간근로수당, 휴일근로수당 및 특근수당(고정연장근로수당)과 생리휴가, 공상휴직, 병가, 산재휴직, 상병휴직, 신상휴직, 형사휴직 수당을 지급하였다. 따라서 피고는 나머지 원고들에게 상여금을 통상임금에 포함하여 재산정한 연장근로수당, 야간근로수당, 휴일근로수당 및 특근수당(고정연장근로수당)과 생리휴가, 공상휴직, 병가, 산재휴직, 상병휴직, 신상휴직, 형사휴직 수당 중 미지급분을 지급할 의무가 있다(다만, 별지 4 '원고별 청구금액표'의 '일부청구'란에 '∨' 표시된 원고들은 1,000만 원을 한도로 그 지급을 구하고, 계산상 오차범위 내인 1,000원 미만은 버리는 것으로 구한다. 또한 소송수계인들은 망인의 1,000원 미만으로 구하는 금액을 각 상속지분별로 1,000원 미만까지 구한다).

나아가 미지급 연장근로수당, 야간근로수당, 휴일근로수당 및 특근수당(고정

연장근로수당)과 생리휴가, 공상휴직, 병가, 산재휴직, 상병휴직, 신상휴직, 형사휴직 수당을 계산함에 있어 시간당 통상임금은 법 보다 우월한 단체협약에 따라 아래와 같은 산식에 따라 산정되어야 한다.

시간급 통상임금=(기본급÷240시간)+(통상수당÷226시간)+(상여금 월할액÷243시간)

나. 피고의 주장 내용

① 원고들 주장의 각 수당은 아래와 같은 이유로 일률성, 고정성이 없어 통상임금에 해당하지 아니한다.

가) 상여금 : ① 상여금은 파업기간 중에서 지급되었고, 중대한 업무상 질병 및 상병 휴직자에 대하여도 그 휴직기간 동안 지급되므로 소정근로의 대가가 아니다. 적어도 상여금 중 '연장근로시간 30시간분' 또는 '특근수당'은 소정근로의 대가가 아니므로 공제되어야 한다. ② 상여금은 임금규정 제8조 다호의 '기타수당'에 해당하고, '기타수당'은 임금규정 제22조 제1항 다호에 따라 15일 이상 만근하지 못하는 경우 지급제외하고 있으므로 고정성이 없다. ③ 또한 상여금 중 '일급제 사원에게 지급된 통상수당 부분'은 임금규정 제22조 제1항 다호에 따라 15일 이상 만근하지 못하는 경우 지급제외하고 있으므로 고정성이 없다.

나) 일비 : 일비는 영업직 직원들에게 교통비, 활동비 등을 보전하기 위한 목적에서 지급되는 실비변상적 금원으로서 임금에 해당하지 않고, 설령 임금이라고 하더라도 '영업활동 수행'이라는 추가적인 조건을 충족하여야 하므로 고정성이 없다.

다) 중식대 : 중식대는 현물급여를 원칙으로 하되 현물급여가 여의치 않을 경우 금전으로 지급된 실비변상적 금품으로서 임금이 아니고, 설령 임금이라고 하더라도 일률성이 없다.

② 나아가 일급제 근로자들에게 지급된 통상수당은 임금규정 제22조 제1항 다호(이하 '지급제외자 규정'이라 한다)에 따라 15일 이상 만근하지 못한 경우 지급제외하고 있으므로 고정성이 없다. 따라서 일급제 근로자들에게 지급된 통상수당은 통상임금 산정에서 제외되어야 한다.

③ 원고들 주장의 각 수당이 통상임금에 해당한다고 하더라도 피고가 원고들

에게 지급할 법정수당을 계산함에 있어 시간당 통상임금은 근로기준법에 따라 아래와 같은 산식에 따라 산정되어야 한다.

시간당 통상임금=(기본급÷243.33시간)+(통상수당÷243.33시간)+(월할 상여금÷243.33시간)

④ 또한 원고들의 피고에 대한 2011.3.31. 이전에 발생한 임금 채권은 이미 시효로 소멸하였다. 나아가 피고가 노동조합과 상여금을 통상임금에서 제외하기로 명시적·묵시적으로 합의하거나 또는 그러한 관행이 존재하여 왔는데, 상여금을 통상임금으로 산정할 경우 각종 법정수당이 상승하고, 그 결과 실질임금상승률이 노사가 상호 양해한 임금상승률을 훨씬 초과하며, 이로 인하여 피고가 예측하지 못한 새로운 재정적 부담을 지고, 중대한 경영상 위기에 봉착하게 되어 신의칙에 위반된다.

(3) 쟁점 정리

이 사건 상여금 등을 통상임금에 포함시킨 다음 이를 기초로 산정한 각종 법정수당 등의 추가 지급을 구하는 원고들의 이 사건 청구는 신의칙에 위배되는지 여부가 문제된다.

2. 판시 내용

가. 관련 법리

① 단체협약 등 노사합의의 내용이 근로기준법의 강행규정을 위반하여 무효인 경우에, 그 무효를 주장하는 것이 신의칙에 위배되는 권리의 행사라는 이유로 이를 배척한다면 강행규정으로 정한 입법 취지를 몰각시키는 결과가 될 것이므로, 그러한 주장이 신의칙에 위배된다고 볼 수 없음이 원칙이다. 그러나 노사합의의 내용이 근로기준법의 강행규정을 위반한다고 하여 그 노사합의의 무효 주장에 대하여 예외 없이 신의칙의 적용이 배제되는 것은 아니다. 위에서 본 신의칙을 적용하기 위한 일반적인 요건을 갖춘은 물론 근로기준법이 강행규정성에도 불구하고 신의칙을 우선하여 적용하는 것을 수긍할 만한 특별한 사정이 있는 예

외적인 경우에 한하여 그 노사합의의 무효를 주장하는 것은 신의칙에 위배되어 허용될 수 없다.

② 임금협상 과정을 거쳐 이루어진 노사합의에서 정기상여금은 그 자체로 통상임금에 해당하지 아니한다고 오인한 나머지 정기상여금을 통상임금 산정 기준에서 제외하기로 합의하고 이를 전제로 임금수준을 정한 경우,

③ 근로자 측이 앞서 본 임금협상의 방법과 경위, 실질적인 목표와 결과 등은 도외시한 채 임금협상 당시 전혀 생각하지 못한 사유를 들어 정기상여금을 통상임금에 가산하고 이를 토대로 추가적인 법정수당의 지급을 구함으로써, 노사가 합의한 임금수준을 훨씬 초과하는 예상외의 이익을 추구하고 그로 말미암아 사용자에게 예측하지 못한 새로운 재정적 부담을 지워 중대한 경영상의 어려움을 초래하거나 기업의 존립을 위태롭게 한다면, 이는 종국적으로 근로자 측에까지 그 피해가 미치게 되어 노사 어느 쪽에도 도움이 되지 않는 결과를 가져오므로

④ 정의와 형평 관념에 비추어 신의에 현저히 반하고 도저히 용인될 수 없음이 분명하다. 그러므로 이와 같은 경우 근로자 측의 추가 법정수당 청구는 신의칙에 위배되어 받아들일 수 없다.

나. 인정사실

⑤ 피고는 이 사건 청구기간 동안 전국민주노동조합총연맹 전국금속노동조합 기아자동차지부와 단체협약을 체결하면서 상여금이 근로기준법이 정한 통상임금에 해당하지 않는다는 전제에서 상여금을 통상임금의 산입에서 제외한 것으로 보이고, 나아가 피고는 이 사건 청구기간 동안 상여금을 통상임금의 범위에서 제외한 채 연장근로수당 등 각종 법정수당을 산정하여 왔음에도 원고들을 포함한 소속 근로자들이나 노동조합 역시 그동안 별다를 이의를 제기하지 않았다.

⑥ '그 외에' 피고의 근로자들에 대한 실질임금(기본급과 그 밖의 수당 및 가산수당을 포함)의 전년대비 상승률은 2008년 약 5.8%, 2009년 약 1.2%, 2010년

5.1%, 2011년 약 5.4%이었고, 피고는 2008년부터 2015년까지 '매해마다 정산된' 매출액, 영업이익과 당기순이익을 올렸으며, 피고는 2008년부터 2015년까지 '매해마다 정산된' 이익잉여금을 보유해왔고, 피고의 2008년부터 2015년까지 '매해마다 정산된' 부채비율은 감소해왔다.

⑦ (그런데) 상여금이 통상임금에 포함될 경우 2008년부터 2015년까지 피고가 부담하게 될 인건비 등 예상 우발채무액(세후 금액)의 합계는 약 2,602,759,000,000원(다만 원고들의 청구 및 산정방식이 모두 인정되었을 때를 기준으로 한 추정금액이다)에 이른다. 나아가 위 우발채무액을 반영한 피고의 2008년부터 2015년까지 영업이익률과 당기순이익률 및 부채비율은, 결국 2008년과 2009년을 제외하면 영업이익률은 1.25%~1.88% 감소하고, 순이익률은 1.03%~1.53% 감소하며, 부채비율은 9.64%~14.82% 증가하게 된다.

다. 판단

ⓐ 앞서 본 인정 사실에다가 앞서 든 증거들에 변론 전체의 취지를 종합하면 알 수 있는 다음과 같은 사정 즉,

> (i) 피고와 노동조합은 단체협약이나 임금협상 과정에서 상여금이 그 자체로 통상임금에 해당하지 아니한다는 전제에 서 있었고, 그와 같은 전제에서 노사가 상여금을 통상임금에서 제외하기로 합의하는 실무가 장기간 계속되어 정착되었던 것으로 보이며, 위와 같이 합의된 통상임금의 범위를 기초로 산정된 기본급과 각종 수당의 증액 규모 및 임금총액의 규모 등을 정하였던 점,
>
> (ii) 상여금이 '(약정)통상임금'과 '특근수당' 또는 '30시간의 연장근로수당'의 750%이므로, 상여금을 (법정)통상임금에 산입할 경우 피고가 추가로 부담하게 될 초과근로에 대한 가산임금 등 법정수당 및 미지급된 중간정산퇴직금의 규모는 임금협상 당시 노사가 상호 전제한 임금인상률을 훨씬 초과할 것으로 보이는 점,

(iii) 이 사건 소송 결과에 따라 부담하게 될 임금 및 지연손해금과 이 사건 청구기간 이후에 추가로 지급하여야 할 초과근로에 대한 가산임금 등 법정수당 금액도 상당할 것으로 예상되는 점 등에 비추어 보면,

(iv) 피고가 이 사건 청구로 말미암아 원고들에게 상여금을 반영한 통상임금을 기초로 한 미지급 법정수당을 지급하게 됨으로써, 예측하지 못한 새로운 재정적 부담을 지게 되어 재정 및 경영상태의 악화를 겪을 수는 있다고 보인다.

ⓑ 한편 같은 증거들을 종합하면 알 수 있는 다음과 같은 사정들에 비추어 보면, 피고가 앞서 본 바와 같은 부담이나 악화를 겪는다 하더라도, 그러한 부담이나 악화의 정도가 피고가 감당할 수 없을 만큼의 기업의 '중대한 경영상 어려움'을 초래하거나 '기업의 존립을 위태'롭게 할 것이라 단정하기 어렵고, 위와 같은 부담이나 악화만으로 근로기준법의 강행규정성에도 불구하고 신의칙을 우선하여 적용하는 것을 수긍할 만한 특별한 사정이 있다고 보기 부족하다.

(i) 피고는 2008년부터 2015년 매년 지속적으로 상당한 당기순이익을 거두어 왔고, 위 기간 동안 당기순이익의 증감은 있었으나 당기순손실을 기록한 적이 없었다. 나아가 피고는 같은 기간 동안 매년 약 1조에서 16조 원의 이익잉여금을 보유하였고, 자본 대비 부채비율이 169.14%에서 63.70%로 낮아지는 등으로 피고의 재정 및 경영상태와 매출실적 등이 나쁘지 아니하다.

(ii) 다만 최근 중국의 사드(THAAD) 보복 및 미국의 통상압력 등으로 인하여 영업이익이 감소한 것으로 보이나 피고가 이에 관한 명확한 증거자료를 제출하지 아니하고 있다. 나아가 피고와 같은 완성차 제조업체에 있어서 전기차, 자율주행 등 신기술을 도입하기 위하여 상당한 자금이 투자되어야 할 것으로 보이나, 그 자금의 적정규모 또한 판단하기 어려울 뿐만 아니라 최근 영업이익 감소상황은 회복 가능성이 있으므로 피고가 투자불능의 상황에 처하게 된다고 단정하기도 어렵다.

(iii) 가정적으로 2015.12.31. 원고들의 청구금액을 모두 지급하였을 때 2008년~2015년과 동일한 시장상황이 향후 5년간 벌어지고, 피고가 제시한 연구개발투자를 포함한 사업계획이 그대로 진행될 것이라는 전제하에서도 피고의 재정 및 경영상태가 아래 표 기재와 같이 크게 악화된다고 보기도 어렵다.

(iv) 피고는 2008년부터 2016년 매년 근로자들 모두에게 경영성과급을 지급하여 왔고, 그 규모는 2008년 3,291억 원, 2009년 3,794억 원, 2010년 5,783억 원, 2011년 6,583억 원, 2012년 7,467억 원, 2013년 7,871억 원, 2014년 7,703억 원, 2015년 6,578억 원, 2016년 5,609억 원에 이르며, 그 합계액은 이 사건 청구금액의 합계를 초과할 뿐만 아니라 이 사건 인용금액 원금이 한 해의 경영성과급 지급액보다 적다.

(v) 원고들이 이 사건에서 구하는 청구금액의 합계는 658,870,369,000원(원고 ○○○ 22,493,000원+나머지 원고들 658,847,876,000원)인 데 반해, 앞에서 본 바와 같이 이 사건에서 원고들에게 추가로 인정된 금액은 312,608,476,000원(원고 ○○○ 3,676,000원+나머지 원고들 312,604,800,000원)에 불과하고 다른 소송이나 향후 지급하여야 할 금액 역시 근로자들이 주장하는 금액에서 축소될 것이다.

(vi) 나아가 피고는 이 사건에서 원고들에게 추가로 인정된 금액을 해당 연도에 일시불로 확보하기는 어렵지만, 연차적으로 이를 확보할 수도 있고, 노사 간 합의로 분할상환의 가능성도 있다.

(vii) 원고들은 강행규정인 근로기준법에 의하여 인정되는 권리를 행사하는 것이고, 당해 법정수당의 근거가 되는 과거의 연장근로, 야간근로 및 휴일근로로 생산한 부분의 이득은 이미 피고가 향유하였다는 점을 고려하면, 원고들이 노사가 합의한 임금수준을 훨씬 초과하는 예상외의 이익을 추구한다고 할 수 없고, 원고들의 청구가 정의와 형평 관념에 위배되는 정도가 중

하고 명확하다고 인정되는 정도에 이르러 신의칙에 위반된다고 할 수 없다.

(viii) 나아가 '중대한 경영상의 어려움'이나 '기업 존립의 위태'는 모두 모호하고 불확정적인 내용으로서, 도대체 추가 부담액이 어느 정도가 되어야 그러한 요건을 충족한다는 것인지 알 수 없으므로 이를 인정함에 있어서는 엄격하게 해석·적용하여야 한다.

(ix) 피고가 이 사건 청구로 말미암아 원고들에게 상여금을 반영한 통상임금을 기초로 한 미지급 법정수당을 지급하게 됨으로써 피고가 속한 현대차그룹, 5,400여 개에 달하는 협력업체, 자동차산업계에 큰 타격을 가하게 되고, 결국에는 피고가 인건비 절감을 위해 생산시설을 해외로 모두 이전한다고 가정할 경우 우리나라 전체의 경제에 중대한 위협이 될 수도 있을 것이다. 그러나 위와 같은 가정적인 결과를 미리 예측하여 근로기준법에서 보장하는 정당한 권리행사를 제한하는 것은 타당하다고 볼 수 없을 뿐만 아니라 위와 같은 가정적인 결과가 신의칙을 적용하기 위한 '기업의 중대한 경영상의 어려움'이나 '기업 존립의 위태'라고 보기 어렵다. 또한 원고들이 마땅히 받았어야 할 임금을 이제야 지급하는 것을 두고 비용이 추가적으로 지출된다는 점에만 주목하여 이를 경제에 중대한 위협이 된다고 관념하는 것은 적절하지 않다.

(x) 마지막으로 상호 신뢰를 기초로 하여 노사합의를 이루어 자율적이고 조화로운 관계를 유지하며 공동의 이익을 추구해 온 노사관계를 고려하면 근로자들이 회사의 '중대한 경영상의 어려움'이나 '기업 존립의 위태'라는 결과발생을 방관하지 않을 것으로 보이고, 향후 노사합의를 통하여 충분히 발전적인 방향으로 해결될 수 있으리라 짐작된다.

라. 결론

따라서 피고의 신의칙 위반 주장은 받아들이지 아니한다.

3. 평석

(1) 문제제기

앞서 개괄적인 유형적 분석에 통해서 확인되는 것처럼, 기아자동차 사건의 제1심 판결은 '경영상 지표'에 근거하여 신의칙의 적용 가부를 판단하고 있다. 즉 근로자의 추가 법정수당 청구가 사용자 측에 중대한 경영상 어려움을 초래하는지 혹은 기업의 존립을 위태롭게 하는지 여부를 기준으로 신의칙의 적용 가부를 판단하는 것이다. 이는 '경영상 지표'를 판단기준으로 삼고 있는 여느 하급심들과 마찬가지로, 대법원 전원합의체 판결이 제시하는 판단기준들, 특히 특별한 사정 'ⓕ와 ⓖ'를 보다 신중하고 세밀하며 분석적으로 이해하지 않고 경솔하게 적용한 결과로 보인다. 따라서 기아자동차 사건 제1심의 판시 내용들은 '사후적이고 외부적이며 파생적인 우연한 사정 내지 사실관계'가 법률적 판단기준이 되는 경우에 어떠한 문제점들이 발생할 수 있는지를 여실히 보여주고 있다.

(2) 강행법규 위반 시에 모순행위금지원칙이 적용되기 위한 요건

앞서 대법원 전원합의체 판결이 제시하는 3가지 일반 요건과 4가지 특별한 사정을 올바르게 이해하는 경우에, 결국 '모순행위금지원칙을 적용하기 위한 법률적 판단 규준'은 다음과 같이 확정될 수 있었다.

[모순행위금지원칙을 적용하기 위한 법률적 판단 규준]

- 원칙적인 법률적 판단규준
  - 제1 요건 : 상대방에게 신뢰를 제공하였다거나 객관적으로 보아 상대방이 신뢰를 하는 데 정당한 상태에 있을 것
  - 제2 요건 : 어느 일방이 후행행위를 통해 그의 선행행위에 근거하여 형성되어 있는 상대방의 신뢰에 반해서 권리를 행사할 것
  - 제3 요건 : 그러한 일방 당사자의 '현재'의 권리행사가 당사자 간 특별결합관계 및 신뢰내용(구성요건)의 형성 과정을 고려할 때 정의 관념에 비추어 용인될 수 없는 상태에 이를 것

• '강행법규 위반을 전제로 한' 예외적인 법률적 판단규준
  ◦ 제4 요건 : 「특별히 법적으로 보호할 가치 있는 보다 높은 수준의 신뢰」가 존재할 것
    – 예컨대, 「강행법규 위반」을 전제로 한 추가 법정수당 청구'에 있어서는 노사 양 당사자가 각 상대방에게 또는 일방 당사자가 그 상대방에게 임금교섭과정을 통해서 형성한 「특별히 법적으로 보호할 가치 있는 보다 높은 수준의 신뢰」가 존재할 것

이하에서는 위의 요건들에 근거하여 기아자동차 사건의 제1심 판결을 비판적으로 검토하고자 한다.

(3) 판시 내용에 대한 비판적 검토

(가) 신의칙 법리의 본질을 오해 : "가. 관련 법리"에 관하여

기아자동차 사건 제1심 판결(이하 '동 판결')은 대법원 전원합의체 판결이 제시하는 신의칙 적용 판단 요건들인 '일반적인 요건 4가지'와 '특별한 사정 3가지'를 잘못 이해하거나 경솔하게 적용하고 있다. 그 결과 첫째, '신의칙 법리'의 본질을 오해하고, 둘째, 강행법규 위반 사례에서 신의칙의 적용 가부를 신의칙의 본질이 아닌, '사후적이고 외부적이며 파생적인 우연한 사정 내지 사실관계'에 따라서 판단하는 우(愚)를 범하고 있다.

첫째, 지금까지 확인된 바와 같이, 신의칙이란 법률관계를 형성하는 모든 자들에 대하여 사회공동생활의 일원으로서 상대방의 신뢰를 헛되이 하지 않도록 성의를 가지고 행동할 것을 명령하는 법원칙(Rechtsgrundsatz)이다. 따라서 신의칙 위반인지 여부는 당사자 사이의 법률관계 및 이에 기초하여 그 본질을 이루는 신뢰에 반하는 권리행사인지 여부가 가장 중요한 요소 내지 요건이 된다. 특히 이미 노사 양 당사자가 정기상여금이 통상임금에서 배제됨을 전제로, '지속적이고 반복적으로, 진실하고 성실하게' 선행행위인 단체협약을 체결해 왔음에도 불

구하고, 이전에 전혀 예상치 못했던 정기상여금의 통상임금성에 근거하여 후행행위로서 '추가적인 법정수당을 주장하는 것'은, 근로자가 사용자의 신뢰에 반하여 권리를 행사하는 것으로 신의칙의 유형 중 하나인 모순행위금지원칙을 위반한 것이 된다.

둘째, 특히 "가. 관련법리 ③과 ④"에서는 근로자 측이 '노사가 합의한 임금수준을 훨씬 초과하는 예상외의 이익을 추구하고 그로 말미암아 사용자에게 예측하지 못한 새로운 재정적 부담을 지워 중대한 경영상의 어려움을 초래하거나 기업의 존립을 위태롭게 한다면, 이는 종국적으로 근로자 측에까지 그 피해가 미치게 되어 노사 어느 쪽에도 도움이 되지 않는 결과를 가져오므로 정의와 형평 관념에 비추어 신의에 현저히 반하고 도저히 용인될 수 없음이 분명하다'고 한다. 그러나 전체 법질서의 근간인 법적 안정성과 신뢰보호를 수호하는 신의칙이 위반되었는지 여부는 본질적으로, 어느 일방의 권리행사가 그에게 또는 상대방에게 '결과적으로' 경제적인 이익을 가져다주는지 여부가 결정적이어서는 결코 안 된다. 왜냐하면 그러한 결정 기준은 법률적 판단규준과 무관한 우연성(Zufälligkeit)이 그 본질을 이루고 있기 때문이다. 이러한 우연성(Zufälligkeit)이 법적 정당성의 판단에 개입하게 되는 경우에, 오히려 동일한 권리행사임에도 불구하고 '결과적으로 야기되는 우연한 사정 내지 사실관계'에 따라서 권리의 인정여부가 달라지는 부당한 결론을 낳게 된다.

앞서 검토되었듯이, 이러한 이해는 특히 '강행법규가 신의칙 적용의 절대적 한계를 설정하지 않는다'는 독일의 판례를 참고하는 경우에 더욱 명확해진다. 독일법원의 경우 강행법규 위반의 개별 사례에서 '구체적 합리성과 타당성'에 근거하여 종국적으로 「전체 법질서」의 대원칙인 법적 안정성과 신뢰보호가 유지될 수 있도록 신의칙의 적용 가부를 결정하고 있다. 예컨대,

[제1 사례]

(중략)

구두에 의한 의원면직의 의사표시를 여러 차례 반복했고, 심지어 진심이었으며,

한 차례도 우발적으로 말하지 않았던 자가 차후에 자신이 한 의사표시의 무효를 주장하는 것은 신뢰에 반하는 것으로서 허용되지 않는다. 또한 스스로 간과했던 법규정을 자신의 이익을 위해서 인용하는 때에도 모순행위로서 인정된다. 다만 이 경우에 당사자는 간과했던 법규정과 무관하게 자신의 의사를 표현함에 있어서 확신을 갖고, 여러 차례 반복적으로 행해야 하며, 자신과 법률적 관계에 놓여 있는 자에 대한 자신의 법적 지위의 주장 또한 상당히 일관성 있게 행해져야 한다.

[제2 사례]

(중략)

모순행위금지원칙이 적용되는 경우에는 형식흠결을 주장하는 것이 신의칙에 위반될 수 있다. 모순행위금지원칙에도 불구하고 사후의 모순행위가 인정될 수 있기 위해서는, 사후의 모순된 행위를 인정함으로써 발생하는 결과가 종국적으로는 이전의 행위를 통해서 상대방이 가졌던 그 신뢰를 여전히 보호하는 경우이어야 한다. 즉 사전 행위에 대한 양 당사자의 신뢰가 최종적이고 확정적인 것이어서 사후의 행위를 임의적인 것으로 평가할 수 있는 경우에는, 일방의 사후적 모순행위에도 불구하고 최종적이고 확정적인 사전행위에 대한 양 당사자의 신뢰는 여전히 보호되는 것이다.

이처럼 독일법원이 강행법규 위반의 개별 사례에서 모순행위금지원칙의 적용 가부를 판단하게 되는 결정적인 규준은, '어느 일방의 선행행위에 근거하여 형성되었던 기존의 상대방의 신뢰내용(구성요건)을 그 일방이 모순되는 후행행위를 통해서 침해했는지' 여부와, '어느 일방의 선행행위에 근거하여 형성되었으나 그 일방의 모순된 후행행위에 의해서 침해된 상대방의 신뢰가 강행법규 위반에도 불구하고 구체적 합리성과 타당성에 근거하여 특별히 법적으로 보호할 가치 있는 보다 높은 수준의 가치인지' 여부이다.

다만 여러 차례 강조했듯이, 근로자의 추가 법정수당 청구로 인해 결과적으로 우연히 야기된 '사용자 측의 중대한 경영상 어려움 또는 기업존립의 위태로움'은, 대상 사건을 판결해야 하는 법관으로 하여금 사용자 측의 침해된 신뢰가 특별히 법적으로 보호할 가치 있는 보다 높은 수준의 신뢰라는 점을 단지 확인시켜 주는 역할을 수행할 수 있다. 이때에도 무엇보다 유의해야 할 점은 '추가 법정수당 청구'가 신의칙에 위반되었는지에 대한 법관의 법률적 판단은 오롯이 사용자 측의 침해된 신뢰가 특별히 법적으로 보호할 가치 있는 보다 높은 수준의 신뢰인지 여부에 결정적으로 근거해야 한다는 점이다. 이로써 사용자 측에 발생하게 되는 우연한 사정 내지 사실관계("가. 관련법리 ③과 ④")는 사실상의 기능적 관점에서 이해되어야 하는 것이다.

결국 기아자동차 사건 제1심 판결은 위와 같이 신의칙 위반 판단의 본질적·핵심적 요건과 사후적이고 외부적이며 파생적인 우연한(zufällig) 사정 내지 사실관계를 준별(峻別)하지 못하고 있다. 그 결과 최종적인 판단에 있어 '법리적 판단'과 '사실의 파악'을 혼동하여, 결국은 '과거의 경영상 지표' 또는 '가정적이고 추정적인 경영상황의 예측'에 기초하여 결론이 내려지고 있다.

(나) 특별히 법적으로 보호할 가치 있는 보다 높은 수준의 신뢰 존재 : "나. 인정사실"에 관하여

'강행법규 위반 시에 모순행위금지원칙을 적용할 것인지 여부'는 결국 이른바 예외적인 법률적 판단규준인 제4 요건 : 「특별히 법적으로 보호할 가치 있는 보다 높은 수준의 신뢰」가 존재하는지 여부에 의해서 결정된다. 따라서 「강행법규 위반」을 전제로 한 '추가 법정수당 청구'에 있어서 신의칙이 적용되기 위해서는 노사 양 당사자가 각 상대방에게 또는 어느 일방 당사자가 그 상대방에게 임금교섭과정을 통해서 형성한 「특별히 법적으로 보호할 가치 있는 보다 높은 수준의 신뢰」가 존재해야 한다. 이러한 관점에서 기아자동차 사건 제1심 판결이 판시 내용에서 설시하고 있는 "나. 인정사실 ⑤, ⑥ 및 ⑦"은 매우 중대한 의미를 가진다.

기아자동차 사건 제1심 판결은 우선 "나. 인정사실 ⑤"에서 '피고는 이 사건 청구기간 동안 전국민주노동조합총연맹 전국금속노동조합 기아자동차지부와 단체협약을 체결하면서 상여금이 근로기준법이 정한 통상임금에 해당하지 않는다는 전제에서 상여금을 통상임금의 산입에서 제외한 것으로 보이고, 나아가 피고는 이 사건 청구기간 동안 상여금을 통상임금의 범위에서 제외한 채 연장근로수당 등 각종 법정수당을 산정하여 왔음에도 원고들을 포함한 소속 근로자들이나 노동조합 역시 그동안 별다른 이의를 제기하지 않았다'는 점을 인정하고 한다. 말하자면 사용자 측과 근로자 측은 상호 협의과정에서 이미 '정기상여금이 통상임금에서 제외된다'는 점을 전제로, 지속적이고 반복적으로, 진실하고 성실하게 단체협약을 체결해 왔던 것이다. 이는 대법원 전원합의체 판결이 인정하고 있는 '이미 일반화되어 관행으로 정착되어 있는' 우리나라의 통상적인 임금협상과정과 일치하는 것으로 보인다. 즉 대법원 전원합의체 판결은 "우리나라 대부분의 기업에서는 정기상여금은 그 자체로 통상임금에 해당하지 아니한다는 전제 아래에서, 임금협상 시 노사가 정기상여금을 통상임금에서 제외하기로 합의하는 실무가 장기간 계속되어 왔고, 이러한 노사합의는 일반화되어 이미 관행으로 정착된 것으로 보인다"는 점을 인정하였다.

나아가 "나. 인정사실 ⑥"은 대법원 전원합의체 판결이 인정하는 '우리나라의 통상적인 임금협상과정'이 반영된 결과를 그대로 보여주는 것으로 이해된다. 대법원 전원합의체 판결은 "(우리나라에서) 노사가 자율적으로 임금협상을 할 때에는 기업의 한정된 수익을 기초로 하여 상호 적정하다고 합의가 이루어진 범위 안에서 임금을 정하게 되는데, 우리나라의 실태는 임금협상 시 임금 총액을 기준으로 임금 인상 폭을 정하되, 그 임금 총액 속에 기본급은 물론, 일정한 대상기간에 제공되는 근로에 대응하여 1개월을 초과하는 일정 기간마다 지급되는 상여금(이하 '정기상여금'이라고 한다), 각종 수당, 그리고 통상임금을 기초로 산정되는 연장·야간·휴일 근로 수당 등의 법정수당까지도 그 규모를 예측하여 포함시키는 것이 일반적"임을 인정하였다. 여기에서 대법원 전원합의체 판결이 인정하는 것처럼, 「임금 인상 폭」을 결정짓는 핵심적인 근거는 바로 기업의 한정된 수익이 된다.

따라서 "나. 인정사실 ⑥"에서 설시하는 사용자 측의 근로자들에 대한 실질임금(기본급과 그 밖의 수당 및 가산수당을 포함)의 전년대비 상승률인 2008년 약 5.8%, 2009년 약 1.2%, 2010년 5.1%, 2011년 약 5.4%는, 2008년부터 당해 연도까지 '매해마다 정산된' 기업의 매출액, 영업이익 및 당기순이익과, 2008년부터 당해 연도까지 기업이 보유해온 '매해마다'의 이익잉여금, 그리고 2008년부터 당해 연도까지 '매해마다' 감소해 온 부채비율에 기초하여 이루어져 온 결과물이다. 요컨대 이와 같은 매년마다의 기업의 한정된 수익을 기초로 산정되는 「임금 인상 폭」의 결정에 있어서, 정기상여금은 통상임금에서 배제되어 왔던 것이다.

"나. 인정사실 ⑤와 ⑥"의 근저에는 무엇보다 고용노동부예규 제47호 '통상임금지침'이 매우 중요하게 작용했던 것으로 보인다. 이 통상임금지침서는 정기상여금이 통상임금이 아닌, 평균임금에 속한다고 분명히 명시하고 있다. 따라서 대법원 전원합의체 판결 이전에는 이 통상임금지침서에 근거하여 '정기상여금이 통상임금에서 배제된다'는 점을 전제로 상호 신뢰를 구축하여, 노사는 '지속적이고 반복적으로, 진실하고 성실하게' 임금협상을 이어올 수 있었던 것이다.

특히 "나. 인정사실 ⑦"은 그동안 노사가 함께 확고히 구축해왔던 '정기상여금이 통상임금에서 배제된다'는 신뢰가 왜 보다 높은 수준의 신뢰인지를 단적으로 「확인(Bestätigung)」시켜준다. 기아자동차 사건 제1심 판결은 "나. 인정사실 ⑦"에서 '상여금이 통상임금에 포함될 경우 2008년부터 2015년까지 사용자 측이 부담하게 될 인건비 등 예상 우발채무액(세후 금액)의 합계가 약 2,602,759,000,000원(다만, 원고들의 청구 및 산정방식이 모두 인정되었을 때를 기준으로 한 추정금액이다)에 이르고, 나아가 위 우발채무액을 반영한 사용자 측의 2008년부터 2015년까지 영업이익률과 당기순이익률 및 부채비율은, 결국 2008년과 2009년을 제외하면 영업이익률은 1.25%~1.88% 감소하고, 순이익률은 1.03%~1.53% 감소하며, 부채비율은 9.64%~14.82% 증가하게 된다'고 인정하였다.

여기에서 반드시 염두에 두어야 할 점은, 앞서 확인된 것처럼 실질임금(기본급과 그 밖의 수당 및 가산수당을 포함)의 전년대비 상승률, 즉, 「임금 인상 폭」은 당해 연도의 기업의 한정된 수익에 기초하여 결정된 결과물이라는 사실이다. 예컨대 2008년 약 5.8%, 2009년 약 1.2%, 2010년 5.1%, 2011년 약 5.4%라는 실질임금(기본급과 그 밖의 수당 및 가산수당을 포함)의 전년대비 상승률은 당해 연도 매출액, 영업이익, 당기순이익 및 이익잉여금의 '지속적인 상승'과 '부채비율의 감소'에 근거해서 가능했던 것이다.

그런데 "나. 인정사실 ⑦"에서 인정하는 바와 같이 정기상여금이 통상임금에 포함될 경우에는 이른바 우발채무액 합계 약 2,602,759,000,000원이 발생하고, 이러한 우발채무액을 반영한 사용자 측의 2008년부터 2015년까지 영업이익률과 당기순이익률 및 부채비율은, 결국 2008년과 2009년을 제외하면 영업이익률은 1.25%~1.88% 감소하고, 순이익률은 1.03%~1.53% 감소하며, 부채비율은 9.64%~14.82% 증가하게 되는 것이다. 요컨대 그러한 영업이익률 및 순이익률의 감소와 부채비율의 증가는 곧 기업의 한정된 수익의 변경을 의미하게 되고, 이는 결국 당해 연도「임금 인상 폭」의 변경 내지 감소가 불가피했음을 뜻한다.

이러한 사실은 '정기상여금이 통상임금에서 배제된다'는 사용자 측의 신뢰를 침해할 뿐만 아니라, 근로자의 신뢰 또한 심각하게 침해하는 결과를 초래하게 된다. 즉 정기상여금을 통상임금에서 배제하는 노사합의의 강행법규 위반에 대한 근로자의 주장이 인정되어야 한다면, 이는 결국 근로자가 스스로 사용자와의 합의를 통해 정당하게 형성한, 단체협약으로부터 주어지는 확정적이고 기대 가능한 임금에 대한「자기신뢰」를 모순행위에 의해서 스스로 파괴해 버리는 결과가 된다. 만약 법질서가 단지 강행법규 위반이라는 이유만으로 근로자의 추가 법정수당 청구권을 인정한다면, 이는 근로자가 자기신뢰를 파괴하면서까지, 그리고 그것을 통해 상대방에게 불측의 경영상 위험을 야기하면서까지, 나아가 양 당사자가 정당하게 형성하고 유지해온 그들 사이의 규범성까지 배척하면서, 근로자 스스로도 애초에 전혀 예상하지 못했던 초과이익을 법질서가 단지 강행법규 위반이라는 이유만으로 보장해 주게 되는 결과가 되는 것이다. 더욱이 이 경우에 그러한 초과이익에는, 기존에 임금 인상 폭을 결정지었던 핵심적인 근거인 '기업의 한정된 수익'이 불가피하게 변경되어야 한다는 사실이 반영되지도 않는다. 요컨대 추가 법정수당을 인정함으로써 발생하는 우발채무액은 '정기상여금이 통상임금에 배제된다'는 점에 대한 신뢰가 왜 특별히 법적으로 보호할 가치 있는 보다 높은 수준의 신뢰인지를 확인시켜주고 있다.

(다) 소결-예외적인 법률적 판단규준인 제4 요건의 충족 : "가. 관련 법리" 및 "나. 인정사실"에 관하여

따라서 기아자동차 사건 제1심 판결의 판시 내용 "가. 관련 법리" 및 "나. 인정사실"로부터 다음과 같은 결론이 도출될 수 있다.

우선 기아자동차 사건에 있어서 원칙적인 법률적 판단규준인 제1 요건, 제2 요건 및 제3 요건은 모두 충족되는 것으로 판단된다. 이는 각 요건의 정의를 고려할 때 부인될 수 없는 당연한 귀결이다. 다만 강행법규 위반 시에 신의칙이 적용되기 위한 예외적인 법률적 판단규준인 제4 요건이 존재하는지 여부가 문제될 뿐이다.

요컨대 기아자동차 사건에 있어서 사용자와 근로자가 적어도 대법원 전원합의체 판결 이전에 노사자치(Tarifautonomie)에 따라 형성하고 구축해온 「정기상여금을 통상임금에서 배제하기로 하는 노사합의와 그에 대한 신뢰(Vertrauen)」는 특별히 법적으로 보호할 가치 있는 보다 높은 수준의 신뢰라고 판단된다. 왜냐하면 첫째, 그동안 임금에 관한 단체협약이 '통상임금산정지침' 및 '협의에 따른 관행'에 근거하여 지속적이고 반복적으로, 진실하고 성실하게 이루어왔고, 둘째, 이는 내용적으로나 시간적으로 노사 양 당사자 측에서 충분히 성숙했으며, 셋째, 무엇보다 그러한 노사합의와 신뢰를 보호하는 것이 노사 양 당사자의 이익에 부합하기 때문이다. 특히 노사가 함께 지속적이고 반복적으로, 진실하고 성실하게 형성하고 구축해온 신뢰는, '단지' 강행법규 위반인 점에 기초하여 근로자가 모순된 후행행위를 주장함으로써 야기되는 '노사관계 내의 법적 안정성, 신뢰 및 법질서의 파괴(破壞)'를 방지하기 위해서도 반드시 보호되어야 한다. 따라서 강행법규 위반 시에 신의칙이 적용되기 위한 예외적인 법률적 판단규준인 제4 요건이 충족된다.

(라) "다. 판단"에 관하여

앞서 지적된 바와 같이, 기아자동차 사건 제1심 판결은 신의칙 및 모순행위금지원칙의 본질을 이해하지 못한 채 대법원 전원합의체 판결을 경솔하게 적용하고 있다. 무엇보다 대법원 전원합의체 판결이 제시하는 특별한 사정인 근로자의 추가 법정수당 청구로 인해 사용자 측에 우연히 야기될지도 모를 '중대한 경영상의 어려움 또는 기업 존립의 위태로움'을 결정적인 법률적 판단규준으로 삼고, 이에 따라서 강행법규 위반에도 불구하고 신의칙이 적용될 수 있는지를 판단하고 있다.

기아자동차 사건 제1심 판결이 신의칙 내지 모순행위금지원칙의 본질이 아닌, 사후적이고 외부적이며 파생적인 우연한 사정 내지 사실관계인 '경영상 지표'를 결정적인 법률적 판단규준으로 설정함으로써, 판시 내용 "다. 판단"은 '사실의 파악'과 '법리적 판단'이 혼동되어 있고, 결국은 '과거의 경영상 지표' 또는 '가정적이고 추정적인 경영상황의 예측'에 기초하여 법관의 자의적인 시각에 따라 최종적인 결론이 내려지고 있다.

첫째, 기아자동차 제1심 판결은 "다. 판단 ⓐ"에서,

(i) 피고와 노동조합은 단체협약이나 임금협상 과정에서 상여금이 그 자체로 통상임금에 해당하지 아니한다는 전제에 서 있었고, 그와 같은 전제에서 노사가 상여금을 통상임금에서 제외하기로 합의하는 실무가 장기간 계속되어 정착되었던 것으로 보이며, 위와 같이 합의된 통상임금의 범위를 기초로 산정된 기본급과 각종 수당의 증액 규모 및 임금총액의 규모 등을 정하였던 점, (ii) 상여금이 '(약정)통상임금'과 '특근수당' 또는 '30시간의 연장근로수당'의 750%이므로, 상여금을 (법정)통상임금에 산입할 경우 피고가 추가로 부담하게 될 초과근로에 대한 가산임금 등 법정수당 및 미지급된 중간정산퇴직금의 규모는 임금협상 당시 노사가 상호 전제한 임금인상률을 훨씬 초과할 것으로 보이는 점, (iii) 이 사건 소송 결과에 따라 부담하게 될 임금 및 지연손해금과 이 사건 청구기간 이후에 추가로 지급하여야 할 초과근로에 대한 가산임금 등 법정수당 금액도 상당할 것으로 예상되는 점 등을 인정한 후, (iv) 피고가 이 사건 청구로 말미암아 원고들에게 상여금을 반영한 통상임금을 기초로 한 미지급 법정수당을 지급하게 됨으로

써, 「예측하지 못한 새로운 재정적 부담을 지게 되어 재정 및 경영상태의 악화를 겪을 수는 있어 보인다」고 판단하였다.

우선 기아자동차 제1심 판결은 이미 "다. 판단 ⓐ (i)"에서 사용자와 근로자가 단체협약이나 임금협상 과정에서 상여금이 그 자체로 통상임금에 해당하지 아니한다는 전제하에, (명시적으로) 상여금을 통상임금에서 제외하기로 합의하는 실무가 '장기간 계속되어 정착되었다'는 점을 인정하고 있다. 나아가 그와 같이 '장기간 계속되어 정착된' 합의에 따른 통상임금의 범위를 기초로 산정된 기본급과 각종 수당의 증액 규모 및 임금총액의 규모 등을 정했다는 점 또한 인정하였다. 요컨대 기아자동차 사건 제1심 판결은 단체협약 또는 임금협상과정에서 상여금이 통상임금에서 배제된다는 상호합의와 이에 대한 사용자와 근로자의 신뢰가 '장기간 계속되어 정착되었다'는 점을 인정하고 있는 것이다.

그리고 기아자동차 사건 제1심 판결은 "다. 판단 ⓐ (ii)~(iv)"에서, 사용자와 근로자가 상호 간에 형성하고 구축해온 '장기간 계속되어 정착된' 합의와 그에 대한 신뢰를 파괴하고, 정기상여금을 통상임금에 산입할 경우에, 어떠한 '사후적이고 외부적이며 파생적인 우연한 사정 내지 사실관계'가 야기될 수 있는지 확인(Bestätigung)하고 있다. 즉 사용자가 추가로 부담하게 될 법정수당 및 미지급된 중간정산퇴직금의 규모는 임금협상 당시 노사가 상호 전제한 임금인상률을 훨씬 초과하게 되고, 사용자가 소송 결과에 따라 부담하게 될 임금 및 지연손해금과 이 사건 청구기간 이후의 추가적인 법정수당 금액도 상당할 것으로 예상되며, 따라서 사용자가 이 사건 청구로 말미암아 근로자에게 상여금을 반영한 통상임금을 기초로 한 미지급 법정수당을 지급하게 됨으로써, 예측하지 못한 새로운 재정적 부담을 지게 되어 재정 및 경영상태의 악화를 겪을 수 있음을 확인(Bestätigung) 하고 있는 것이다.

요컨대 기아자동차 사건 제1심 판결 "다. 판단 ⓐ (i)"은 강행법규 위반 시에 신의칙이 적용되기 위한 예외적인 법률적 판단규준인 특별히 법적으로 보호할 가치 있는 보다 높은 수준의 신뢰를 사용자와 근로자가 장기간 계속해서 정착해

왔었다는 점을 인정하고 있으며, "다. 판단 ⓐ (ii)~(iv)"은 그러한 특별히 법적으로 보호할 가치 있는 보다 높은 수준의 신뢰가 파괴되는 경우에 어떠한 '사후적이고 외부적이며 파생적인 우연한 사정 내지 결과'가 발생할 수 있는지를 경영상의 지표를 통해 확인하고 있는 것이다.

다시 한 번 강조하면, 기아자동차 사건 제1심 판결 "다. 판단 ⓐ (i) 사용자와 근로자가 단체협약이나 임금협상과정에서 장기간 계속해서 정착해왔던 '정기상여금을 통상임금에서 배제한다'는 합의와 그에 따라 형성하고 구축했던 신뢰"는, 대법원 전합의체 판결의 올바른 이해를 전제로 하는 제4 요건 특별히 법적으로 보호할 가치 있는 보다 높은 수준의 신뢰를 충족한다(='강행법규 위반 시'에 신의칙이 적용되기 위한 「예외적인 법률적 판단규준」). 그리고 "다. 판단 ⓐ (ii)~(iv)"은 그러한 특별히 법적으로 보호할 가치 있는 보다 높은 수준의 신뢰가 파괴되는 경우에 어떠한 '사후적이고 외부적이며 파생적인 우연한 사정 내지 결과'가 발생할 수 있는지를 단지 경영상의 지표를 통해서 확인시켜주고 있다.

둘째, 그럼에도 불구하고 기아자동차 제1심 판결은 "다. 판단 ⓐ (i)"이 아닌, "다. 판단 ⓐ (ii)~(iv)"를 결정적인 법률적 판단규준으로 삼고, 신의칙의 적용 가부를 결정하고 있다. 그 결과 '사실의 파악'과 '법리적 판단'을 혼동하게 되어, 종국적으로 시종일관 '과거의 경영상 지표' 또는 '가정적이고 추정적인 경영상황의 예측'에 기초하여 법관의 자의적인 시각에 따라 최종적인 결론을 도출하고 있다.

즉, 기아자동차 사건 제1심 판결은 "다. 판단 ⓑ"에서 추가 법정수당 청구가 사용자 측에 재정적 또는 경영상 부담이나 악화를 초래한다는 정도를 넘어서, 그러한 부담이나 악화의 정도가 사용자가 감당할 수 없을 만큼의 기업의 중대한 경영상 어려움이나 기업존립의 위태로움을 야기해야 한다는 전제하에, 기아자동차 사건에서는 그러한 중대한 경영상 어려움이나 기업존립의 위태로움을 인정할 수 없다면서 신의칙 적용을 인정할 수 없다고 한다. 이는 앞서 강조되었듯이 기아자동차 사건 제1심 판결이 대법원 전원합의체 판결을 잘못 이해하거나 경솔하게 적용함으로써 발생하게 된 결과이다. 무엇보다 그러한 판단의 근거들은 모두 시

종일관 '과거의 경영상 지표' 또는 '가정적이고 추정적인 경영상황의 예측'에 기초하고 있다. 예컨대,

"다. 판단 ⓑ (i)"에서 지적한 '사용자 측은 2008년부터 2015년 매년 지속적으로 상당한 당기순이익을 거두어 왔고, 위 기간 동안 당기순이익의 증감은 있었으나 당기순손실을 기록한 적이 없었으며, 나아가 같은 기간 동안 매년 약 1조에서 16조 원의 이익잉여금을 보유하였고, 자본 대비 부채비율이 169.14%에서 63.70%로 낮아지는 등으로 사용자의 재정 및 경영상태와 매출실적 등이 나쁘지 않았다'는 점은 과거의 경영상 지표이다. 이러한 경영상 지표는 단지 당해 연도의 임금 인상 폭을 결정함에 있어서 기업의 한정된 이익을 산출하기 위한 고려요소로서 '경제적 수치'일 뿐이다. 이러한 경제적 수치는 신의칙의 위반 여부와 전혀 무관하다.

"다. 판단 ⓑ (ii)"에서 지적한 '다만 최근 중국의 사드(THAAD) 보복 및 미국의 통상압력 등으로 인하여 영업이익이 감소한 것으로 보이나 사용자가 이에 관한 명확한 증거자료를 제출하지 아니하고 있다. 나아가 사용자와 같은 완성차 제조업체에 있어서 전기차, 자율주행 등 신기술을 도입하기 위하여 상당한 자금이 투자되어야 할 것으로 보이나, 그 자금의 적정규모 또한 판단하기 어려울 뿐만 아니라 최근 영업이익 감소상황은 회복 가능성이 있으므로 사용자가 투자불능의 상황에 처하게 된다고 단정하기도 어렵다'는 점은 현재의 내·외부적 상황변화에 따른 장래의 경영상황에 대한 가정적이고 추정적인 예측일 뿐이다. 특히 '신기술을 도입하기 위하여 상당한 자금이 투자되어야 할 것으로 보이나, 그 자금의 적정규모 또한 판단하기 어렵다'는 이유에서 이러한 주장은 배척하면서, '최근 영업이익 감소상황은 회복 가능성이 있으므로 사용자가 투자불능의 상황에 처하게 된다고 단정하기도 어렵다'는 이유에서 장래의 가정적이고 추정적인 예측을 청구권 인용의 근거로 삼고 있다. 이러한 판단은 법관의 자의적 판단으로서, '신의칙 위반 여부'라는 법률적 판단에서 반드시 배척되어야 할 요소이다. 법관법과 전혀 다른 요소이며, 신의칙 위반 여부의 판단과도 전혀 무관하다.

"다. 판단 ⓑ (iii)"에서 지적한 '가정적으로 2015.12.31. 원고들의 청구금액을 모두 지급하였을 때 2008년~2015년과 동일한 시장상황이 향후 5년간 벌어지고, 피고가 제시한 연구개발투자를 포함한 사업계획이 그대로 진행될 것이라는 전제하에서도 피고의 재정 및 경영상태가 아래 표 기재와 같이 크게 악화된다고 보기도 어렵다'는 점 또한 과거의 시장상황을 장래의 시장상황으로 가정하고, 그 가정의 전제하에 또 다시 사용자의 재정 및 경제상황을 추단하고 있다. 이러한 판단은 결코 법률적 판단이 될 수 없으며, 신의칙 위반 여부와도 전혀 무관하다.

"다. 판단 ⓑ (iv)"에서 지적한 '사용자는 2008년부터 2016년 매년 근로자들 모두에게 경영성과급을 지급하여 왔고, 그 규모는 2008년 3,291억 원, 2009년 3,794억 원, 2010년 5,783억 원, 2011년 6,583억 원, 2012년 7,467억 원, 2013년 7,871억 원, 2014년 7,703억 원, 2015년 6,578억 원, 2016년 5,609억 원에 이르며, 그 합계액은 이 사건 청구금액의 합계를 초과할 뿐만 아니라 이 사건 인용금액 원금이 한 해의 경영성과급 지급액보다 적다'는 점도 단지 당해 연도의 경영상 지표에 불과하며, 그러한 경영상 지표는 당해 연도의 임금 인상 폭을 결정함에 있어서 기업의 한정된 이익을 산출하기 위한 고려 요소로서 '경제적 수치'일 뿐이다. 이러한 경제적 수치는 신의칙의 위반 여부와 전혀 무관하다.

"다. 판단 ⓑ (v)"에서 지적한 '근로자들이 이 사건에서 구하는 청구금액의 합계는 658,870,369,000원(원고 ○○○ 22,493,000원+나머지 원고들 658,847,876,000원)인 데 반해, 앞에서 본 바와 같이 이 사건에서 원고들에게 추가로 인정된 금액은 312,608,476,000원(원고 ○○○ 3,676,000원+나머지 원고들 312,604,800,000원)에 불과하고 다른 소송이나 향후 지급하여야 할 금액 역시 근로자들이 주장하는 금액에서 축소될 것이다'는 점 또한 그저 사후적이고 외부적이며 파생적인 우연한 사정 내지 사실관계에 불과할 뿐이다. 즉 신의칙 적용 가부의 판단을 위한 결정적인 법률적 판단규준이 아니며, 결코 법률적 판단규준이 되어서도 안 된다.

"다. 판단 ⓑ (vi)"에서 지적한 '나아가 사용자는 이 사건에서 근로자들에게 추가로 인정된 금액을 해당 연도에 일시불로 확보하기는 어렵지만, 연차적으로 이를 확보할 수도 있고, 노사 간 합의로 분할상환의 가능성도 있다'는 점은 근로자의 추가 법정수당 청구가 인용되고, 사용자가 패소할 것을 전제로 가정하여, 사용자 측의 장래의 가정적인 재정적·경영적 상태에 기초한 상환 가능성을 예측하고 있다. 이러한 '가정적인 사전 결정'과 이를 뒷받침하기 위한 '사후적인 가정적·추정적 가능성의 예측 근거'는 법률적 판단에 있어서 반드시 배척되어야 할 요소이다.

"다. 판단 ⓑ (vii)"에서 지적하는 '근로자들은 강행규정인 근로기준법에 의하여 인정되는 권리를 행사하는 것이고, 당해 법정수당의 근거가 되는 과거의 연장근로, 야간근로 및 휴일근로로 생산한 부분의 이득은 이미 사용자가 향유하였다는 점을 고려하면, 근로자들이 노사가 합의한 임금수준을 훨씬 초과하는 예상외의 이익을 추구한다고 할 수 없고, 근로자들의 청구가 정의와 형평 관념에 위배되는 정도가 중하고 명확하다고 인정되는 정도에 이르러 신의칙에 위반된다고 할 수 없다'는 점은, '정기상여금이 통상임금에서 배제된다'는 종래 합의가 비록 근로기준법 위반으로서 무효이고 이에 따라 권리를 행사한다고 하더라도, "노사가 자율적으로 임금협상을 할 때에는 기업의 한정된 수익을 기초로 하여 상호 적정하다고 합의가 이루어진 범위 안에서 임금을 정하게 되는데, 우리나라의 실태는 임금협상 시 임금 총액을 기준으로 임금 인상 폭을 정하되, 그 임금 총액 속에 기본급은 물론, 일정한 대상기간에 제공되는 근로에 대응하여 1개월을 초과하는 일정 기간마다 지급되는 상여금(이하 '정기상여금'이라고 한다), 각종 수당, 그리고 통상임금을 기초로 산정되는 연장·야간·휴일 근로 수당 등의 법정수당까지도 그 규모를 예측하여 포함시키는 것이 일반적"이라는 대법원 전원합의체 판결을 간과한 것이다. 왜냐하면 전년대비 이미 상승한 당해 연도의 임금 인상 폭은 '정기상여금이 통상임금에 포함되어 산정되었다 하더라도' 결국은 전체 임금 구성 항목들이 기업의 한정된 수익을 기초로 하기 때문에, 불가피하게 다른 임금 구성 항목에서 빠져나갈 수밖에 없는 것이다. 따라서 '정기상여금 부분이 포함되지 않은 통상임금'을 기초로 산정된 과거의 연장근로, 야간근로 및 휴일근로에 대한 법정수당은 이미 정당하게 근로의 대가로 지급된 것이 된다. 그리고 이 부분을 제외한 '정기상여금을 포함시킴으로써 추가적으로 발생한 수당 부분'은 이를 사용자가 무상으로 향유한 것이 아니라 이미 다른 임금 구성항목을 통해서 보전(補塡)되었다고 이해해야 한다. 이러한 이유에서 이미 지급된 법정수당 외의 추가 법정수당 청구는 사용자에게 불측의 부담을 안기게 되고, 이는 곧 근로자들이 노사가 합의한 임금수준을 훨씬 초과하는 예상외의 이익을 추구하는 것으로 판단해야 한다.

다만, 이때에도 전혀 예상치 못했던 추가 법정수당 청구액이 노사가 합의한 임금수준을 훨씬 초과한 것인지 또는 적정하게 초과한 것인지 여부는 신의칙의 위반 여부를 판단함에 있어서 결정적인 법률적 판단규준이 되어서는 안 된다. 왜냐하면 근로자에 의한 불측의 추가 법정수당 청구는 그 자체로서 특별히 법적으로 보호할 가치 있는 보다 높은 수준의 신뢰를 파괴하는 것이기 때문이다.

더욱이 "다. 판단 ⓑ (viii)"에서 지적하는 것처럼 '중대한 경영상의 어려움'이나 '기업 존립의 위태'는 모두 모호하고 불확정적인 내용으로서, 도대체 추가 부담액이 어느 정도가 되어야 그러한 요건을 충족한다는 것인지 알 수 없다. 나아가 "다. 판단 ⓑ (viii)"에서는 '(그와 같은 이유에서) 중대한 경영상의 어려움이나 기업 존립의 위태로움을 인정함에 있어서는 엄격하게 해석·적용하여야 한다'고 한다. 중대한 경영상의 어려움이나 기업존립의 위태로움을 도대체 어떠한 기준에 따라서 엄격하게 해석하고 적용한다는 것인지 알 수가 없다. 판단의 대상인 경영상 지표는 수치화하여 검토하고 있음에도, 판단의 기준에 대해서는 전혀 언급이 없는 것이다. 요컨대 수치화된 경영상 지표에 따라서 중대한 경영상 어려움이나 기업존립의 위태로움을 엄격하게 해석·적용해야 함을 피력하고는 있지만, 막상 그 엄격성(Striktigkeit)의 판단 기준은 어디에도 존재하지 않는다.

중대한 경영상 어려움 또는 기업존립의 위태로움을 엄격하게 판단하기 위한 기준이 결여되었기 때문에, "다. 판단 ⓑ (ix)"에서는 또 다시 가정적이고 추정적인 예측에 기초하여 '사용자가 이 사건 청구로 말미암아 근로자들에게 상여금을 반영한 통상임금을 기초로 한 미지급 법정수당을 지급하게 됨으로써 사용자가 속한 현대차그룹, 5,400여 개에 달하는 협력업체, 자동차산업계에 큰 타격을 가하게 되고, 결국에는 사용자가 인건비 절감을 위해 생산시설을 해외로 모두 이전한다고 가정할 경우 우리나라 전체의 경제에 중대한 위협이 될 수도 있음'을 예측하면서도, 위와 같은 가정적인 결과를 미리 예측하여 근로기준법에서 보장하는 정당한 권리행사를 제한하는 것은 타당하다고 볼 수 없고, 더불어 '위와 같은 가정적인 결과가 신의칙을 적용하기 위한 '기업의 중대한 경영상의 어려움'이나 '기업 존립의 위태'라고 보기 어렵다'고 한다.

그러나 "다. 판단 ⓑ (ix)"에서는 중대한 경영상 어려움이나 기업존립의 위태로움에 대한 엄격한 해석과 적용을 요구하면서도, 이를 위해 가정적이고 추정적인 예측을 설정하고, 이러한 가정적이고 추정적인 예측에 기초해서는 법률적인 판단인 '정당한 권리행사를 제한할 수 없다'고 판단하고 있다. 이와 같은 논지는 특히 추가 법정수당으로 인해 야기되는 (현재와) 장래의 경영지표와 경영상황이 결국 가정적인 예측일 수밖에 없음을 자인하는 것이고, 따라서 추가 법정수당 청구로 인해 야기될지도 모를 경영지표 내지 경영상황은 단지 사후적이고 외부적이며 파생적인 사정 내지 사실관계임을 인정하는 것이 된다. 그럼에도 불구하고 또 다시 그러한 가정적인 결과가 신의칙을 적용하기 위한 '기업의 중대한 경영상의 어려움'이나 '기업 존립의 위태'라고 보기 어렵다고 하면서, 종국적으로 신의칙의 본질에 따라서 판단되어야 할 신의칙의 적용 가부가 다시금 경영상 지표에 따른 중대한 경영상 어려움이나 기업존립의 위태로움에 의해서 판단되어야 함을 피력하고 있는 것이다. 이는 '사실의 파악'과 '법리적 판단'을 혼동한 결과로 이해된다.

나아가 "다. 판단 ⓑ (ix)"에서는 '또한 원고들이 마땅히 받았어야 할 임금을 이제야 지급하는 것을 두고 비용이 추가적으로 지출된다는 점에만 주목하여 이를 경제에 중대한 위협이 된다고 관념하는 것은 적절하지 않다'는 점 또한 마찬가지로 "노사가 자율적으로 임금협상을 할 때에는 기업의 한정된 수익을 기초로 하여 상호 적정하다고 합의가 이루어진 범위 안에서 임금을 정하게 되고, 우리나라의 실태는 임금협상 시 임금 총액을 기준으로 임금 인상 폭을 정하되, 그 임금 총액 속에 기본급은 물론, 일정한 대상기간에 제공되는 근로에 대응하여 1개월을 초과하는 일정 기간마다 지급되는 상여금(이하 '정기상여금'이라고 한다), 각종 수당, 그리고 통상임금을 기초로 산정되는 연장・야간・휴일 근로 수당 등의 법정수당까지도 그 규모를 예측하여 포함시키는 것이 일반적"이라는 대법원 전원합의체 판결을 간과한 판단이다. 앞서 언급했듯이 '정기상여금 부분이 포함되지 않은 통상임금'을 기초로 산정된 과거의 연장근로, 야간근로 및 휴일근로에 대한 법정수당은 이미 정당하게 근로의 대가로 지급된 것이고, 이 부분을 제외한 나머지 '정기상여금을 포함시킴으로써 추가적으로 상승한 수당 부분'은 이를 사용자가 무상으로 향유한 것이 아니라 이미 다른 임금 구성항목들을 통해서 보전(補塡)되었다고 이해해야하기 때문이다. 이러한 이유에서 이미 지급된 법정수당 외의 추가 법정수당 청구는 사용자에게 불측의 부담을 안기게 되고, 이는 곧 근로자들이 노사가 합의한 임금수준을 훨씬 초과하는 예상외의 이익을 추구하는 것으로 판단해야 한다.

무엇보다 반드시 염두에 두어야 할 점은, 그러한 추가 비용 지출이 사실상 경제에 중대한 위협이 되는지 여부는 「경제학적 관점」에서 분석되어야 할 대상이며, 신의칙 적용 가부를 판단하기 위해 관념적으로(begrifflich) 고려되어야 하는 요소가 결코 아니다.

마지막으로 "다. 판단 ⓑ (x)"에서 설시하는 '상호 신뢰를 기초로 하여 노사합의를 이루어 자율적이고 조화로운 관계를 유지하며 공동의 이익을 추구해 온 노사관계를 고려하면 근로자들이 회사의 '중대한 경영상의 어려움'이나 '기업 존립의 위태'라는 결과발생을 방관하지 않을 것으로 보이고, 향후 노사합의를 통하여 충분히 발전적인 방향으로 해결될 수 있으리라 짐작된다'는 점은 두 가지 관점에서 비판적 검토가 가능하다.

우선 한편으로, 기아자동차 제1심 판결이 "다. 판단 ⓑ (x)"에서 기아자동차의 노사관계를 '그 결과에 있어서' 최종적으로 '상호 신뢰를 기초로 하여 노사합의를 이루어 자율적이고 조화로운 관계를 유지하며 공동의 이익을 추구해 온 노사관계'로 평가하고 인정했다는 점은, 동 판결이 스스로 기아자동차 사건에서 신의칙의 적용을 긍정하기 위한 「제4 요건 : 특별히 법적으로 보호할 가치 있는 보다 높은 수준의 신뢰」가 사용자 및 근로자 측 모두에게 존재함을 보여주는 것이라고 판단된다. 앞서 동 판결은 근로자 측의 추가 법정수당 청구로 인해 사용자 측에 야기될지도 모를 추정적이고 가정적인 경영상황을 대체로 긍정적으로 평가했다. 그리고 그 평가가 결국 종래 통상임금의 합의에 대한 사용자 및 근로자 측의 신뢰 모두를 부정하고 있음은 살펴본 바와 같다. 그럼에도 불구하고 동 판결이 기아자동차의 노사관계를 '그 결과에 있어서' 최종적으로 '상호 신뢰를 기초로 하여 노사합의를 이루어 자율적이고 조화로운 관계를 유지하며 공동의 이익을 추구해 온 노사관계'로서 인정했다는 점은 「당사자 간 신뢰의 본질적 모습」을 파악하고 이해한 결과로 보인다. 그렇다면 동 판결은 근로자 측의 추가 법정수당 청구로 인한 '사후적이고 외부적이며 파생적인 우연한 사정 내지 사실관계(경영상황)'에 기대어 법률적인 판단을 해서는 아니 되며, 동 판결이 자인(自認)하고 있는 기아자동차 노사 간 신뢰의 본질적 모습에 근거하여, 그 본질에 따라서 '신의칙의 적용 가부'라는 법률적 판단을 했어야 하는 것이다.

반면 다른 한편으로, 동 판결의 우리나라 자동차 산업에 대한 긍정적인 평가는 현실에 대한 오해에서 비롯된 것으로 보인다. 주지하다시피 우리나라 자동차 산업이 최근 글로벌 시장에서의 경쟁 격화와 대내외적 환경의 악화, 경직된 노사관계로 인한 지속적 분쟁에 따른 비용 증가 등으로 인하여 기업경쟁력 및 신뢰도 등에서 위기에 처해 있음은 부인할 수 없는 현실이다. 그러한 이유에서 자동차 산업 내 노사관계가 전형적인 갈등적 내지 대립적 노사관계로 평가되기도 하고, 그러한 노사관계가 소속 근로자는 물론이고 지역경제와 우리나라 경제 전체의 경쟁력에도 부정적인 영향을 미치고 있다는 것이 지배적인 견해이다. 따라서 노사 간의 끝없는 협상과 타협, 그리고 그 안에 항시 존재하는 (긍정적인) 긴장관계를 간과하고, 별다른 언급 없이 "상호 신뢰를 기초로 하여 노사합의를 이루어 자율적이고 조화로운 관계를 유지하며 공동의 이익을 추구해 온 노사관계를 고려하면 근로자들이 회사의 '중대한 경영상의 어려움'이나 '기업 존립의 위태'라는 결과발생을 방관하지 않을 것으로 보이고, 향후 노사합의를 통하여 충분히 발전적인 방향으로 해결될 수 있으리라 짐작"하는 것은 오늘날 자동차 산업의 현실에 대한 법원의 오해가 불러온 가정적이고 추정적인 전망으로 보인다.

따라서 기아자동차 제1심 판결은 "다. 판단 ⓑ (i)~(ix)"가 아닌, "가. 관련 법리 ①"에 기초하여 "나. 인정사실 ⑤" 및 "다. 판단 ⓐ (i)"과 함께 "다. 판단 ⓑ (x)"의 최종적인 판단에 근거해서 신의칙의 적용 가부를 판단하고 그 적용을 긍정해야만 했다. 그러나 기아자동차 제1심 판결은 '장기간 계속되어 정착된 단체협약이나 임금협상과정'과 이를 통해서 '노사 간에 이미 지속적이고 반복적으로, 진실하고 성실하게 형성하여 구축해 왔던 「특별히 법적으로 보호할 가치 있는 보다 높은 수준의 신뢰」의 존재'를 간과해 버렸다. 그리고 오히려 대법원 전원합의체 판결을 잘못 이해하거나 경솔하게 적용함으로써, 근로자의 추가 법정수당 청구로 인해 야기되는 경영상 지표와 이에 기초하여 야기될지도 모를 '사후적이고 외부적이며 파생적인 우연한 사정 내지 사실관계'를 법률적 판단규준으로 삼는 우(愚)를 범하게 된 것이다. 그 결과 기아자동차 사건에서 「신의칙이 적용될 수 없다」는 제1심의 최종적인 결정은 '과거의 경영상 지표' 또는 '가정적이고 추정적인 경영상황의 예측'에 근거하는, 법관의 자의적인 시각에 따른 판단으로 이해된다. 따라서 기아자동차 제1심 판결은 더 이상 법적 정당성을 담보할 수 없게 되었고, 반드시 대법원 전원합의체 판결의 올바른 이해를 전제로 다시 판단되어야 한다.

4. 중간결론 - 사실의 파악과 법리적 판단의 혼동

지금까지 비판적으로 검토된 것처럼, 기아자동차 제1심 판결은 대법원 전원합의체 판결을 잘못 이해하거나 경솔하게 적용함으로써 사실의 파악과 법리적 판단을 혼동하고 있으며, 따라서 반드시 다시 판단되어야 하는 판결임이 확인되었다. 물론 기아자동차 제1심 판결 뿐만 아니라, 앞서 언급되었던 '현대중공업 (I) 사건', '만도 사건', '한국지엠 사건' 등도 기아자동차 제1심 판결과 동일하게 '중대한 경영상의 어려움 또는 기업존립의 위태로움'이라는 경영상 지표에 따라 야기될지도 모를 「사후적이고 외부적이며 파생적인 우연한 사정 내지 사실관계」를 법률적 판단규준으로 잘못 이해하거나 경솔하게 적용함으로써 그릇되고 혼란스러운 판단을 하고 있다. 더욱이 최근 현대제철사건 제1심 판결은 어떠한 논거도 없이 철강산업의 노사관계가 '상호 신뢰를 기초로 하여 노사합의를 이루어 자율적이고 조화로운 관계를 유지하며 공동의 이익을 추구해 온 노사관계'라고 함으로써 기아자동차 사건 판결의 요지와 내용을 그대로 답습하는 우(愚)를 범하고 있다는 점에 매우 심각한 오류와 문제점이 존재한다.

그 결과 특히 추가 법정수당 청구로 인해 경영상 지표가 수치상 동일하게 나타남에도 불구하고, 그러한 동일한 경영상 지표로 인해 사용자 측에 중대한 경영상 어려움 또는 기업존립의 위태로움이 야기되는지 여부에 대해서는, '현대중공업 (I) 사건'의 제1심 판결과 항소심 판결, '만도 사건'의 제1심 판결과 항소심 판결, '한국지엠 사건'의 원심과 대법원 판결이 상충하는 판단을 하고 있는 것이다. 따라서 기아자동차 제1심 판결을 포함한 관련 사건들은 반드시 예외적인 법률적 판단규준인 제4 요건 「특별히 법적으로 보호할 가치 있는 보다 높은 수준의 신뢰」를 기준으로 신의칙의 적용 가부가 다시 판단되어야 한다.

요컨대 통상임금 소송에서 강행법규 위반이 전제되는 경우 신의칙이 적용될 수 있는지 여부는, 경영상 지표에 따라 야기될지도 모를 '사후적이고 외부적이며 파생적인 우연한 사정 내지 사실관계'인 '중대한 경영상 어려움 내지 기업존립의 위태로움'이 아니라, 노사 간에 '장기간 계속되어 정착된 단체협약이나 임금협상 과정'을 통해서 지속적이고 반복적으로, 진실하고 성실하게 형성하여 구축해 왔던 「특별히 법적으로 보호할 가치 있는 보다 높은 수준의 신뢰」를 법률적 판단규준으로 삼아 결정되어야 한다.

Ⅲ 제1심 판단과 제2심 판단이 상충(相衝)하는 판결

- ‘만도 사건’에 대한 비판적 검토
- 제1심 판결 : 수원지법 평택지원 2016.1.13. 선고 2012가합5010, 2013가합135(병합), 2013가합845(병합) 판결
- 항소심 판결 : 서울고법 2017.11.8. 선고 2016나3920, 2016나3937(병합), 2016나3944(병합) 판결

1. 사실 관계[61)]

(1) 당사자 관계

(가) 피고 : 주식회사 만도

주식회사 만도는 1999.11.27. 설립된 회사로서, 1999.12.28. 만도기계 주식회사로부터 자동차 새시(chassis) 사업을 인수하여 제동・현가・조향장치 등 자동차 부품의 제조 및 판매업을 주된 사업으로 영위하였다.

주식회사 만도는 제1심 계속 중이던 2014.9.2. 상호를 주식회사 한라홀딩스로 변경하고 지주회사로 전환하면서 자동차 부품 사업을 영위하는 사업회사로 피고를 분할 설립하였다. 분할 신설된 피고는 2014.9.2. 분할계획서에 따라 이 사건 소송에 따른 권리의무를 포함하여 원고들과의 근로계약상 지위를 포괄적으로 승계하였고, 2014.12.4. 주식회사 만도의 소송절차를 수계하였다(이하에서는 주식회사 만도와 피고를 구분하지 않고 “피고”라고만 한다).

(나) 원고 : 기능직 근로자들(42명)

원고들은 2009.11. 이전부터 피고에 입사하여 근로를 제공해 온 기능직 근로

61) 이하 ‘사실 관계’의 내용은 당해 사건의 항소심 판결인 서울고법 2017.11.8. 선고 2016나3920, 2016나3937(병합), 2016나3944(병합)의 판시내용인 ‘인정사실’과 ‘당사자들의 주장 요지 및 쟁점 정리’에 기초한다.

자들이고, (그 가운데) 원고 김○○ 등 3명은 2011.10.부터 2012.8.까지 노조 전임자로 근무한 사람들이다.

원고 김○○ 등 3명은 2012.9.4. 피고로부터 징계해고를 당하였다가 2013. 2.22. 경기지방노동위원회로부터 징계해고 취소판정을 받았다. 피고는 중앙노동위원회에 재심신청을 하였으나 2013.7.2. 재심기각판정을 받았고 중앙노동위원회 위원장을 상대로 제기한 서울행정법원 2013구합57549호 재심판정취소 소송에서도 2014.8.1. 패소판결을 선고받았다. 위 제1심 판결은 이후 항소, 상고를 거쳐 2015.10.29. 확정되었다.

(2) 임금 등에 관한 단체협약

피고와 산별노조인 전국민주노동조합총연맹 전국금속노동조합(이하 단체협약에서 지칭할 때는 간단히 "조합"이라 한다. 실제 단체협약을 주도한 주체는 금속노조 산하 만도지부이나, 아래에서는 이를 특별히 구분하지 않는다)은 2008년(2008.4.1.부터 효력 발생), 2010년(2010.4.1.부터 효력 발생), 2012년에 각각 임금 등에 관하여 단체협약을 체결하였다. 각 연도별 '임금과 상여금'에 관한 규정은 다음과 같다.

[2008년도]

제38조(임금)

1. 피고는 조합원의 급여에 관하여는 급여규정에 정하는 바에 따르며, 급여규정은 조합과 협의하여 정한다. 단, 급여 지급기준의 개정 및 신설시에는 조합과 합의하여 정한다.
2. 조합원의 임금조정은 매년 4월 1일부로 한다.
4. 통상임금의 기준은 기본급에 아래 각 호에 열거한 수당을 합산한 금액으로 한다. 1) 직책수당, 2) 생산수당, 3) 위해수당, 4) 근속수당, 5) 자격수당, 6) TQC수당, 7) 체력단련수당, 8) 자기개발수당, 9) 기능숙련수당

제48조(상여금)

1. 피고는 조합원에게 연 8회 분할하여 상여금을 지급한다. 단, 지급률은 기본급에 제38조 제4항 각 호의 수당을 포함한 금액에 20,000원과 O/T 35시간을 가산하

여 연 700%를 지급한다.
2. 상여금 지급시기는 2, 4, 6, 8, 10, 12월에 각 100%와 설날, 추석에 각 50%로 한다.
3. 피고는 하기휴가시 정액으로 500,000원을 지급한다.

[2010년도]

제48조(상여금)
1. 피고는 조합원에게 연 9회 분할하여 상여금을 지급한다. 단, 지급률은 기본급에 제38조 제4항 각 호의 수당을 포함한 금액에 20,000원과 O/T 35시간을 가산하여 연 750%를 지급한다.
2. 상여금 지급시기는 2, 4, 6, 8, 10, 12월에 각 100%와 설날, 추석, 하기휴가에 각 50%로 한다.
3. 피고는 하기휴가시 정액으로 500,000원을 지급한다.

[2012년도]

제35조(임금)
4. 통상임금의 기준은 기본급에 아래 각 호에 열거한 수당을 합산한 금액으로 한다. 1) 직책수당, 2) 생산수당, 3) 위해수당, 4) 근속수당, 5) 자격수당, 6) TQC수당, 7) 체력단련수당, 8) 자기개발수당, 9) 기능숙련수당, 10) 보직계장직무수행수당, 11) 자격증수당

(3) 당사자들의 주장 요지 및 쟁점 정리

(가) 원고들의 주장 요지

단체협약 제48조에 의하여 2, 4, 6, 8, 10, 12월에 100%씩 지급되는 상여금(이하 "짝수 달 상여금"이라 한다)과 설날, 추석, 하기휴가에 각 50%씩 지급되는 상여금(이하 "설·추석 등 상여금"이라 하고, 짝수 달 상여금과 설·추석 등 상여금을 통틀어 "이 사건 각 상여금"이라 한다)은 소정근로의 대가로서 원고들에게 정기적·일률

적·고정적으로 지급되는 금품이므로 통상임금에 해당한다. 그런데 피고는 제수당의 산정 기준이 되는 시간급 통상임금을 계산할 때 이 사건 각 상여금을 제외하고 기본급 및 단체협약 제38조 제4항 각 호의 수당만을 기초로 통상임금을 산정하였다.

따라서 피고는 원고들에게 이 사건 각 상여금을 포함하여 계산한 통상임금을 기초로 하여 2009년 12월 지급분부터 2014년 12월 지급분까지 기간 동안(다만 원고별로 청구하는 기간이 상이한데, 그 구체적인 내역은 별지3 인용금액표의 원고별 산정내역을 참조할 것)의 제수당을 재산정한 다음, 같은 기간 동안 원고들이 피고로부터 기 지급받은 각 제수당을 공제한 차액인 별지2 원고별 청구금액표의 '원고 청구금액'란 기재 각 돈 및 이에 대한 지연손해금을 지급할 의무가 있다.

(나) 피고의 주장 요지

짝수 달 상여금은 소정근로에 대한 대가로 볼 수 없어 통상임금에 해당하지 않고, 상여금 지급대상기간 중 휴직기간·근태에 따라 감액이 인정되므로 적어도 그 감액 인정 부분은 통상임금에 해당하지 않는다. 그리고 설·추석 등 상여금은 지급일 현재 재직 중인 근로자에게만 지급되는 것으로 고정성을 결여하여 통상임금에 해당하지 않는다.

설령 이 사건 각 상여금이 통상임금에 해당한다고 가정하더라도, 원고들의 통상임금 계산이나 법정수당 내역 및 계산방법 등에 오류가 있어 제수당 차액이 과다하게 산정되었다.

원고들이 피고와 이 사건 각 상여금을 통상임금에서 제외하기로 합의하고도 태도를 달리하여 이 사건 각 상여금을 통상임금에 포함하여 재산정한 제수당 차액의 지급을 구하는 것은 피고에게 예측하지 못한 새로운 재정적 부담을 지워 중대한 경영상의 어려움을 초래하거나 피고의 존립을 위태롭게 하여 신의성실의 원칙에 위배되므로 허용되어서는 안 된다.

(다) 쟁점 정리 : 「신의칙」과 관련하여

이 사건은 신의칙과 관련하여 원고들이 이 사건 각 상여금을 통상임금에 포함하여 재산정된 미지급 제수당의 지급을 구하는 것이 신의칙에 위배되는지 여

부가 문제된다.[62)]

2. 판시내용

(1) 제1심 판시 내용 : 「신의칙」과 관련하여

판결요지

원고들이 이 사건 2상여금을 통상임금에 포함하여 법정수당의 추가 지급을 구하는 것은 노사가 합의한 임금수준을 훨씬 초과하는 예상외의 이익을 추구하고 그로 말미암아 피고 회사에게 예측하지 못한 재정적 부담을 지워 중대한 경영상의 어려움을 초래하거나 피고 회사의 존립을 위태롭게 하게 되어 형평의 관념에 비추어 도저히 용인될 수 없으므로, 원고들의 이 사건 청구는 신의성실의 원칙에 위배되어 허용될 수 없다.

(i) 노동조합은 임금협상을 할 때마다 피고회사에게 민주노총이 산출한 표준생계비와 현재의 임금총액을 비교하여 그 부족분 중 일부를 임금인상 제시안으로 요구하여 왔고, 임금협상 과정에서 임금총액을 염두에 두고 각 임금 항목에 대하여 지급조건, 시기, 방법, 액수 등을 정하여 왔으며, 피고회사와 노동조합은 2003년부터 2010년까지 임금협정을 체결하면서, 기본급에 직책수당, 생산수당, 위해수당, 근속수당, 자격수당, 체력단련수당 등을 합산한 금액을 통상임금으로 한다고 통상임금 산정기준을 명시하였다. 따라서 피고 회사와 노동조합은 이 사건 2상여금을 통상임금 산정기준에서 제외하기로 합의하고 이를 전제로 임금수준을 정한 것으로 보인다. 또한 피고회사는 그 소속 근로자들에게 위와 같은 임금협상에 따라 이 사건 2상여금을 통상임금에서 제외한 통상임금을 기초로 법정수당을 산정·지급하여 왔는데, 이에 대하여 원고들을 비롯한 피고회사 소속 근로자들은 이 사건 소송 제기 전까지는 별다른 이의를 제기하지 않았다.

(ii) 이 사건 2상여금을 통상임금에 포함시킬 경우의 통상임금의 수액을 살펴보

62) 그 외에 위에서 피고가 주장했던 ① 이 사건 각 상여금이 통상임금에 해당하는지 여부, ② 통상임금에 해당할 경우 이를 기초로 재산정한 법정수당 금액과 원고들이 피고로부터 기 지급받은 돈과의 차액이 어떠한지 여부가 당해 사건의 핵심 쟁점이다.

면, 원고 ①A의 경우 2010년 임금협상에서 정한 통상임금의 액수는 8,436원인데, 위 원고가 2010년에 지급받은 이 사건 2상여금을 더하여 재산정한 통상임금은 13,566원이 되어 당초 임금협상에서 정한 통상임금보다 약 60% 상승한다.

(iii) 이 사건 2상여금을 통상임금에 포함시킬 경우 피고 회사 소속 근로자들의 임금인상률을 살펴보면, 원고 ⑥V의 경우 피고 회사 노사 간의 임금협상에 의하면 2010년 72,138,833원, 2011년 74,766,518원, 2012년 77,764,835원을 각 임금으로 지급받아 2011년에는 3.6%, 2012년에는 4%가 각 인상되었는데, 통상임금에서 이 사건 2상여금을 포함시키게 된다면 2011년 추가 법정수당 합계액에 11,573,805원을 더하여 2011년 임금을 다시 계산하면 86,340,323원이 되어 임금인상률은 19.6%가 되고, 2012년 추가 법정수당 합계액 11,235,701원을 더하여 2012년 임금을 다시 계산하면 89,000,536원이 되어 임금인상률은 19%가 되어 당초 예정한 임금인상률의 4.7~5.4배가 된다.

(iv) 피고 회사가 2010년부터 2013년까지 연평균 115,902,350,397원 상당의 당기순이익을 얻었다고 하더라도, 원고들의 이 사건 청구가 인용되는 경우 원고들에게 제수당으로 지급하여야 할 원금만 약 48억 원 가량 되고 위 금원에 대한 지연손해금까지 더하면 피고 회사는 약 50억 원이 넘는 금액을 원고들에게 지급하여야 하며, 여기에 원고들을 제외하고 약 2,000여명에 달하는 피고 회사 소속 기능직 근로자들이 동일한 요구를 하는 경우까지 고려하여 보면,

(v) 피고 회사는 위 당기순이익의 상당 부분을 제수당을 지급하는데 사용하여야 할 것이 예상되므로, 앞으로 시설투자, 생산개발 등 피고 회사의 투자활동에 위축 내지 지장을 불러올 것으로 보인다.

(2) 제2심 판시 내용 : 「신의칙」과 관련하여

판결요지

(a) 먼저 2008년도, 2010년도 단체협약 제38조 제4항에서 기본급, 직책수당, 생산수당, 위해수당, 근속수당, 자격수당, TQC수당, 체력단련수당, 자기개발수당, 기능숙련수당만을 통상임금에 포함하여 산정하기로 합의하였고, 2012년도 단체협약 제35조 제4항에서 보직계장직무수행수당, 자격증수당을 추가한 사실은 앞서 인

정사실에서 본 바와 같고, 을 제4호증의 기재 및 변론 전체의 취지를 종합하면 금속노조가 임금협상을 할 때마다 피고에게 전국민주노동조합총연맹(민주노총)이 산출한 표준생계비와 현재의 임금총액을 비교하여 그 부족분 중 일부를 임금 인상 제시안으로 요구하여 왔고, 임금협상 과정에서 임금총액을 염두에 두고 각 임금 항목에 대하여 지급조건, 시기, 방법, 액수 등을 정하여 온 사실이 인정되는바, 위 인정사실에 의하면 원고들을 포함한 근로자들과 피고 회사는 짝수 달 상여금을 통상임금 산정기준에서 제외하기로 하는 합의를 하였고, 이를 전제로 임금수준을 정해왔다고 봄이 타당하다.

(b) 기존 통상시급과 짝수 달 상여금을 통상임금에 포함하여 재산정한 통상시급은 개별 근로자마다 액수의 차이가 있으나 그 증가비율에 있어서는 큰 차이가 없을 것으로 보이는바, 원고 강○○의 예를 보면, 별지4 원고별 산정내역표 '통상임금 재산정'란의 2010년 4월 기존 통상시급은 8,487원이고, 재산정 통상시급은 13,639원으로 약 60.70%[={13,639원÷8,487원)−1}×100] 증가하게 되므로, 노사가 합의한 통상임금수준을 훨씬 상회하게 됨은 분명하다.

(c) 한편 짝수 달 상여금을 통상임금에 포함할 경우 피고 근로자의 임금인상 정도에 관하여 본다. 제1심 공동원고 권○○의 경우 피고 회사 노사 간의 임금협상에 의한 임금인상률을 적용할 경우 2010년 3.6% 인상으로 72,138,883원, 2011년 4% 인상으로 74,766,518원, 2012년 4% 인상으로 77,764,835원을 각 임금으로 지급받게 되는데, 통상임금에 짝수 달 상여금을 포함시켜 임금을 다시 계산하면 2011년 86,340,323원이 되어 임금상승률이 19.6%가 되고, 2012년 89,000,536원이 되어 임금상승률이 19%가 된다. 이와 같은 임금상승률은 임금협상 당시 예정한 임금인상률의 4.7~5.4배가 된다.[63]

(d) 짝수 달 상여금을 통상임금에 포함하여 추가 법정수당을 지급할 경우 피고의 경영상 어려움이나 존립에 미치는 영향에 관하여 본다. 원고들은 비록 42명에 불과하지만 을 제6, 30호증의 각 기재 및 변론 전체의 취지를 종합하면 이 사건 소송 결과에 따라 피고가 그 소속 근로자들에게 통상임금을 재산정한 추가 법정수당을 지급하기로 약정한 사실을 인정할 수 있으므로, 이 부분을 검토함에 있어서는 원고들 외의 근로자들도 함께 고려함이 타당하다(다만, 피고의 근로자는 사무직 근로자와 기능직 근로자로 나누어지는데, 위 두 근로자들의 급여체계나 통상시급

의 구성요소 등이 동일하다고 보기 어려우므로 사무직 근로자들에 관한 부분은 제외한다).

원고들 42명에게 인정되는 추가 법정수당은 별지3 인용금액표 '당심 인용금액'란 각 기재 금액이고, 그 합계액은 1,606,440,691원인데, 그 중 노조전임 등의 특별한 사정이 있는 원고 김○○, 김○○, 신○○ 부분을 제외할 경우 나머지 39명에게 인정될 금액은 1,566,835,568원이고, 1인당 평균 금액은 40,175,270원(=1,566,835,568원÷39명, 원 미만은 버림)이 된다. 원고들에게 인정되는 추가 법정수당을 기초로 피고가 기능직 근로자들에게 추가 지급할 법정수당 예상 총액을 산정하면 그 금액은 92,001,368,300원(=40,175,270원×2,290명)이 된다(원고들이 청구하는 추가 법정수당에 대한 지연손해금은 이 사건 소송경과에 따라 금액의 변동 가능성이 있다는 점을 감안하여 신의칙 위반여부를 검토함에 있어서 고려하지 않는다).

한편 을 제50 내지 55호증의 각 기재에 의하면, 피고의 2009년부터 2014년까지의 손익현황의 주요내용을 알 수 있다.[64)]

피고는 최근 활발한 투자활동을 하였으나 그 중 상당 부분은 종속회사 지분취득에 관한 것이다(2013년에는 이 부분에만 약 4,110억 원을 투입한 것으로 보인다). 갑 제13호증의 기재 및 변론 전체의 취지를 종합하면, 피고는 2015년도부터 짝수 달 상여금 부분을 기본급으로 전환하여 지급하고 있는데, 위 기본급 전환 전후의 피고 매출원가에는 유의미한 변화가 있지는 않다(2014년도 매출원가는 2014.9.1.부터 2014.12.31.까지의 기간에 대한 것임은 앞서 본 바와 같다).

(e) 피고의 기능직 근로자들에 대한 추가 법정수당 예상 지급액과 피고의 매출액, 영업이익과 당기순이익 규모, 피고의 투자규모와 그 내역, 자금조달능력에 비추어 보면, 짝수 달 상여금을 통상임금에 포함하여 재산정한 추가 법정수당의 지급으로 인해 매출액 대비 영업이익률이 그리 높지 않은 피고가 단기적으로는 어느 정도 경영상의 어려움을 겪을 가능성이 있더라도, 그 경영상 어려움의 정도가 원고들의 추가 법정수당 지급 청구를 신의칙 위반이라고 볼 정도의 중대한 경영상 어려움을 초래하거나 피고의 존립을 위태롭게 할 정도에 이른다고 단정하기 어렵다 할 것이다.

3. 평석

(1) 문제제기

대법원 전원합의체 판결이 제시하는 '강행법규 위반 시에 신의칙이 적용되기 위한 일반 요건 3가지와 특별한 사정 4가지'는 다음과 같이 올바르고 정당하게 이해되어야 한다.

[모순행위금지원칙을 적용하기 위한 법률적 판단 규준]

- 원칙적인 법률적 판단규준
  - 제1 요건 : 상대방에게 신뢰를 제공하였다거나 객관적으로 보아 상대방이 신뢰를 하는 데 정당한 상태에 있을 것
  - 제2 요건 : 어느 일방이 후행행위를 통해 그의 선행행위에 근거하여 형성되어 있는 상대방의 신뢰에 반해서 권리를 행사할 것
  - 제3 요건 : 그러한 일방 당사자의 '현재'의 권리행사가 당사자 간 특별결합관계 및 신뢰내용(구성요건)의 형성 과정을 고려할 때 정의 관념에 비추어 용인될 수 없는 상태에 이를 것

- '강행법규 위반을 전제로 한' 예외적인 법률적 판단규준
  - 제4 요건 : 「특별히 법적으로 보호할 가치 있는 보다 높은 수준의 신뢰」가 존재할 것
    - 예컨대, 「강행법규 위반」을 전제로 한 추가 법정수당 청구'에 있어서는 노사 양 당사자가 각 상대방에게 또는 일방 당사자가 그 상대방에게 임금교섭과정을 통해서 형성된 「특별히 법적으로 보호할 가치 있는 보다 높은 수준의 신뢰」가 존재할 것

---

63) 다만 제2심에 따르면 "임금협상에서 정한 임금인상률과 피고의 근로자들이 실제 초과근로를 하여 지급받게 될 임금의 상승률에는 차이가 있을 수밖에 없고, 통상임금에 따른 임금상승 정도도 개별 근로자들의 초과근로 시간·일수에 따라 상당한 편차가 있으며, 그 해의 피고 경영상황과도 무관하지 않은 것이어서 임금협상에서 정한 임금인상률과 초과근로에 따른 수당을 포함하였을 때의 임금상승률을 단순 비교하기는 어렵다(달리 보면, 통상임금 재산정으로 인한 임금상승액은 피고의 경영방침 등 회사의 필요에 따라 장시간의 초과근로를 한 근로자일수록 높아지게 된다)"고 한다.

64) 제2심 판시 내용 참고.

그럼에도 불구하고 만도 사건 제1심 판결과 만도 사건 제2심 판결 모두 이른바 '경영상 지표'를 결정적인 기준으로 삼아 신의칙의 적용 가부를 판단하고 있다. 그 결과 두 판결은 극명하게 상충되는 판단을 내리게 되었다.

만도 사건 제1심 판결(이하 '제1심')과 만도 사건 제2심 판결(이하 '제2심')도 기아자동차 사건 제1심 판결과 마찬가지로 대법원 전원합의체 판결이 제시하는 '강행법규 위반 시에 신의칙의 적용 판단 기준들(3가지 일반요건과 4가지 특별한 사정)'을 오해하거나 경솔하게 적용하고 있다. 특히 제1심과 제2심은 「동일한 법리」와 「동일한 사실 관계」, 무엇보다 「동일한 경영상 지표」에 근거하여 신의칙 적용 가부를 판단함에도 불구하고 극명하게 상충하는 결과를 도출하고 있다는 점에서, 대법원 전원합의체 판결이 제시하는 신의칙 적용 판단 기준들을 오해하거나 경솔하게 적용하는 경우에 발생할 수 있는 참사(慘事)를 명백하게 보여주고 있는 것이다.

요컨대 대법원 전원합의체 판결이 제시하는 일반요건 3가지와 특별한 사정 4가지는 앞서 밝혀진 바와 같이 원칙적인 법률적 판단규준인 제1 요건, 제2 요건, 제3 요건과 강행법규 위반을 전제로 한 예외적인 법률적 판단규준인 제4 요건으로 이해되어야 한다. 이러한 올바르고 정당한 판단규준에 기초하여 제1심과 제2심의 판시 내용들을 비판적으로 분석해 본다.

(2) 관련 법리

(가) 인용된 법리

제1심과 제2심은 동일하게 대법원 전원합의체 판결이 제시하고 있는 '강행법규 위반 시에 신의칙의 적용 판단 기준'을 근거 법리로 하여 만도 사건을 판단하고 있다.

첫째, 제1심과 제2심은 강행법규와 신의칙의 관계에 대하여 "단체협약 등 노사합의의 내용이 근로기준법의 강행규정을 위반하여 무효인 경우에, 그 무효를 주장하는 것이 신의칙에 위배되는 권리의 행사라는 이유로 이를 배척한다면 강행규정으로 정한 입법취지를 몰각시키는 결과가 될 것이므로, 그러한 주장이 신의칙에 위배된다고 볼 수 없음이 원칙"임을 명시하고 있다. 그럼에도 불구하고 그 예외로서 "그러나 노사합의의 내용이 근로기준법의 강행규정을 위반한다고 하여 그 노사합의의 무효 주장에 대하여 예외 없이 신의칙의 적용이 배제되는 것은 아니"라는 점 또한 분명히 하고 있다.

둘째, 제1심과 제2심은 통상임금 소송에서 그러한 예외가 인정되기 위해서는 "종래 우리나라 대부분의 기업들의 노사 임금협상 과정에서 보듯이, 노사합의에서 정기상여금이 그 자체로 통상임금에 해당하지 아니한다고 오인한 나머지 이를 통상임금 산정기준에서 제외하기로 합의하고 이를 전제로 임금수준을 정한 경우, 근로자 측이 당해 임금협상의 방법과 경위, 실질적인 목표와 결과 등은 도외시한 채 임금협상 당시 전혀 생각하지 못한 사유를 들어 정기상여금을 통상임금에 가산하고 이를 토대로 추가적인 법정수당의 지급을 구함으로써, 노사가 합의한 임금수준을 훨씬 초과하는 예상외의 이익을 추구하고 그로 말미암아 사용자에게 예측하지 못한 새로운 재정적 부담을 지워 중대한 경영상의 어려움을 초래하거나 기업의 존립을 위태롭게 한다면, 이는 종국적으로 근로자 측에까지 그 피해가 마치게 되어 노사 어느 쪽에도 도움이 되지 않는 결과를 가져오므로 정의와 형평 관념에 비추어 신의에 현저히 반하고 도저히 용인될 수 없음이 분명"하기 때문에, "이와 같은 경우 근로자 측의 추가 법정수당 청구는 신의칙에 위배되어 받아들일 수 없다"고 한다.

(나) 비판

기아자동차 사건에서와 마찬가지로, 만도 사건에서도 제1심과 제2심이 '경영상 지표'에 따라 '중대한 경영상 어려움' 내지 '기업 존립의 위태로움'이 야기되느냐를 결정적인 판단기준으로 삼고 있기 때문에, 앞선 기아자동차 사건에서 가능했던 비판들이 만도 사건에서도 가능함은 물론이다. 요컨대 제1심과 제2심은 신의칙 법리를 오해하고 있으며, 그로 인해 신의칙의 적용 가부를 신의칙의 본질론이 아닌 '사후적이고 외부적이며 파생적인 우연한 사정 내지 사실관계'에 따라서 판단하고 있다.

신의칙(모순행위금지원칙)의 본질은 법률관계를 스스로 함께 형성하였던 자가 그 법률관계에서 자신의 선행행위를 통해 상대방에게 형성시켰던 정당한 신뢰를 모순된 후행행위로서 침해하지 말 것을 명령하는 법원칙(Rechtsgrundsatz)이라는 점이다. 따라서 신의칙에 반하는지를 판단함에 있어서는 당해 법률관계 및 이에 기초하여 그 본질을 이루는 신뢰에 반하는 권리행사인지 여부가 결정적이어야 함은 계속해서 강조되는 바와 같다.

특히 법률관계의 양 당사자가 「노사관계」에 있고, 이들이 이미 정기상여금이 통상임금에서 배제됨을 전제로, '지속적이고 반복적으로, 진실하고 성실하게' 선행행위인 단체협약을 체결해 왔음에도 불구하고, 이후에 종래에는 전혀 예상치 못했던 정기상여금의 통상임금성에 근거하여 후행행위로서 '추가적인 법정수당을 주장하는 것'은, 그것 자체로서 모순행위금지원칙을 위반한 것이 된다. 다만 이 경우에 '강행법규가 위반되었다'는 점이 반드시 고려되어야 한다. 따라서 원칙적인 법률적 판단규준인 제1 요건, 제2 요건, 제3 요건과 함께, 예외적인 법률적 판단규준인 제4 요건 「특별히 법적으로 보호할 가치 있는 보다 높은 수준의 신뢰」가 존재하는지 검토되어야 하는 것이다.

요컨대 노사가 임금협상에서 정기상여금이 그 자체로 통상임금에 해당하지 아니함을 전제로 하여 임금협상 시에 정기상여금을 통상임금에서 제외하기로 하는 합의가 장기간 계속되어 왔고, 이러한 노사합의는 이미 십 수 년 동안 일반화되어 관행으로 정착되어 이에 기초하여 단체협약이 '지속적이고 반복적으로, 진실하고 성실하게' 이루어져 온 것이라면, 적어도 정기상여금이 통상임금에 해당하지 않는다는 점에 대한 사용자 측과 근로자 측의 신뢰는 어느 누구에 의해서도 침해되어서는 안 되는 「특별히 법적으로 보호할 가치 있는 보다 높은 수준의 신뢰」라고 하지 않을 수 없다.

그럼에도 불구하고 제1심과 제2심은 대법원 전원합의체 판결이 제시하는 강행법규 위반 시에 신의칙의 적용 판단 기준을 오해하여 경솔하게 적용하고 있다. 즉 제1심과 제2심은 예외적인 법률적 판단규준이 아니라, 근로자 측이 "노사가 합의한 임금수준을 훨씬 초과하는 예상외의 이익을 추구하고 그로 말미암아 사용자에게 예측하지 못한 새로운 재정적 부담을 지워 중대한 경영상의 어려움을 초래하거나 기업의 존립을 위태롭게 한다면, 이는 종국적으로 근로자 측에까지 그 피해가 미치게 되어 노사 어느 쪽에도 도움이 되지 않는 결과를 가져오므로 정의와 형평 관념에 비추어 신의에 현저히 반하고 도저히 용인될 수 없음이 분명하다"고 한다. 그러나 전체 법질서의 근간인 법적 안정성과 신뢰보호를 수호해야 하는 신의칙이 위반되었는지 여부는 오롯이 신의칙의 본질론에 근거하여 판단되어야 하는 것이지, 어느 일방의 권리행사가 가져오게 될 '사후적이고 외부적이며 파생적인 우연한 사정 내지 사실관계'인 경제적 이익에 따라서 결정되어서는 안 되는 것이다. 특히 이러한 판단 기준은 법률적 판단규준과 무관한 우연성(Zufälligkeit)이 그 본질을 이루고 있기 때문에, 이러한 우연성(Zufälligkeit)이 법적 정당성의 판단에 개입하게 되는 경우에는 오히려 동일한 권리행사임에도 불구하고 '결과적으로 야기되는 우연한 사정 내지 사실관계' 및 '이를 바라보는 자의 자의적 시각'에 의해서 당해 권리의 인정 여부가 달라지는 부당한 결론을 낳게 된다. 만도 사건 제1심 판결과 만도 사건 제2심 판결이 이 점을 명백하게 보여주고 있다.

(3) 각 경영상 지표에 대한 제1심과 제2심의 판단

(가) 동일한 인정 사실

제1심과 제2심은 근로자 측의 권리행사가 사용자 측에 '중대한 경영상 어려움'이나 '기업 존립의 위태로움'을 야기하는지 판단하기 위해서 경영상 지표를 살펴보고 있으며, 다음의 점들에 관하여 동일하게 인정하고 있다.

① 제1심과 제2심은 문제가 되는 기간 동안 노사 양 당사자가 통상임금에 대한 협의를 함에 있어 별다른 이의 없이 상여금이 통상임금에서 제외된다는 점에 대하여 '지속적이고 반복적으로, 진실하고 성실하게' 합의가 이루어져 왔음을 인정하고 있다.

제1심	제2심
(i) 노동조합은 임금협상을 할 때마다 피고회사에게 민주노총이 산출한 표준생계비와 현재의 임금총액을 비교하여 그 부족분 중 일부를 임금인상 제시안으로 요구하여 왔고, 임금협상 과정에서 임금총액을 염두에 두고 각 임금 항목에 대하여 지급조건, 시기, 방법, 액수 등을 정하여 왔으며, 피고회사와 노동조합은 2003년부터 2010년까지 임금협정을 체결하면서, 기본급에 직책수당, 생산수당, 위해수당, 근속수당, 자격수당, 체력단련수당 등을 합산한 금액을 통상임금으로 한다고 통상임금 산정기준을 명시하였다. 따라서 피고 회사와 노동조합은 이 사건 2상여금을 통상임금 산정기준에서 제외하기로 합의하고 이를 전제로 임금수준을 정한 것으로 보인다. 또한 피고회사는 그 소속 근로자들에게 위와 같은 임금협상에 따라 이 사건 2상여금을 통상임금에서 제외한 통상임금을 기초로 법정수당을 산정·지급하여 왔는데, 이에 대하여 원고들을 비롯한 피고회사 소속 근로자들은 이 사건 소송 제기 전까지는 별다른 이의를 제기하지 않았다.	(a) 먼저 2008년도, 2010년도 단체협약 제38조 제4항에서 기본급, 직책수당, 생산수당, 위해수당, 근속수당, 자격수당, TQC수당, 체력단련수당, 자기개발수당, 기능숙련수당만을 통상임금에 포함하여 산정하기로 합의하였고, 2012년도 단체협약 제35조 제4항에서 보직계장직무수행수당, 자격증수당을 추가한 사실은 앞서 인정사실에서 본 바와 같고, 을 제4호증의 기재 및 변론 전체의 취지를 종합하면 금속노조가 임금협상을 할 때마다 피고에게 전국민주노동조합총연맹(민주노총)이 산출한 표준생계비와 현재의 임금총액을 비교하여 그 부족분 중 일부를 임금 인상 제시안으로 요구하여 왔고, 임금협상 과정에서 임금총액을 염두에 두고 각 임금 항목에 대하여 지급조건, 시기, 방법, 액수 등을 정하여 온 사실이 인정되는바, 위 인정사실에 의하면 원고들을 포함한 근로자들과 피고 회사는 짝수 달 상여금을 통상임금 산정기준에서 제외하기로 하는 합의를 하였고, 이를 전제로 임금수준을 정해왔다고 봄이 타당하다.

② 제1심과 제2심은 문제가 되는 이른바 2상여금(짝수 달 상여금)을 통상임금에 포함시켜 통상시급을 재산정할 경우에, 그 수준이 노사가 합의한 원래의 통상임금수준을 훨씬 상회하게 된다는 점에 대해서 동일하게 인정하고 있다.

제1심	제2심
(ii) 이 사건 2상여금을 통상임금에 포함시킬 경우의 통상임금의 수액을 살펴보면, 원고 ①A의 경우 2010년 임금협상에서 정한 통상임금의 액수는 8,436원인데, 위 원고가 2010년에 지급받은 이 사건 2상여금을 더하여 재산정한 통상임금은 13,566원이 되어 당초 임금협상에서 정한 통상임금보다 약 60% 상승한다.	(b) 기존 통상시급과 짝수 달 상여금을 통상임금에 포함하여 재산정한 통상시급은 개별 근로자마다 액수의 차이가 있으나 그 증가비율에 있어서는 큰 차이가 없을 것으로 보이는바, 원고 강○○의 예를 보면, 별지4 원고별 산정내역표 '통상임금 재산정'란의 2010년 4월 기준 통상시급은 8,487원이고, 재산정 통상시급은 13,639원으로 약 60.70% [={13,639원÷8,487원)-1]×100] 증가하

	게 되므로, 노사가 합의한 통상임금수준을 훨씬 상회하게 됨은 분명하다.

③ 제1심과 제2심은 문제가 되는 2상여금(짝수 달 상여금)을 통상임금에 포함시킬 경우에 임금인상률은 19%가 되며, 이는 원래 예정한 임금인상률의 4.7~5.4배에 달한다는 점을 동일하게 인정하고 있다.

제1심	제2심
(iii) 이 사건 2상여금을 통상임금에 포함시킬 경우 피고 회사 소속 근로자들의 임금인상률을 살펴보면, 원고 ⑥V의 경우 피고 회사 노사 간의 임금협상에 의하면 2010년 72,138,833원, 2011년 74,766,518원, 2012년 77,764,835원을 각 임금으로 지급받아 2011년에는 3.6%, 2012년에는 4%가 각 인상되었는데, 통상임금에서 이 사건 2상여금을 포함시키게 된다면 2011년 추가 법정수당 합계액에 11,573,805원을 더하여 2011년 임금을 다시 계산하면 86,340,323원이 되어 임금인상률은 19.6%가 되고, 2012년 추가 법정수당 합계액 11,235,701원을 더하여 2012년 임금을 다시 계산하면 89,000,536원이 되어 임금인상률은 19%가 되어 당초 예정한 임금인상률의 4.7~5.4배가 된다.	(c) 한편 짝수 달 상여금을 통상임금에 포함할 경우 피고 근로자의 임금인상 정도에 관하여 본다. 제1심 공동원고 권○○의 경우 피고 회사 노사 간의 임금협상에 의한 임금인상률을 적용할 경우 2010년 3.6% 인상으로 72,138,883원, 2011년 4% 인상으로 74,766,518원, 2012년 4% 인상으로 77,764,835원을 각 임금으로 지급받게 되는데, 통상임금에 짝수 달 상여금을 포함시켜 임금을 다시 계산하면 2011년 86,340,323원이 되어 임금상승률이 19.6%가 되고, 2012년 89,000,536원이 되어 임금상승률이 19%가 된다. 이와 같은 임금상승률은 임금협상 당시 예정한 임금인상률의 4.7~5.4배가 된다.

④ 제1심과 제2심은 그 금액에 있어서 약간의 차이는 있으나, 원고들 이외의 기능직 근로자들의 수를 고려하면 2상여금(짝수 달 상여금)을 통상임금에 산입하여 재산정할 경우에 피고가 감당해야 하는 금액이 적어도 920억 원(제2심의 판단) 이상임을 인정하고 있다.

제1심	제2심
(iv) 피고 회사가 2010년부터 2013년까지 연평균 115,902,350,397원 상당의 당기순이익을 얻었다고 하더라도, 원고들의 이 사건 청구가 인용되는 경우 원고들에게 제수당으로 지급하여야 할 원금만 약 48억 원	(d) 짝수 달 상여금을 통상임금에 포함하여 추가 법정수당을 지급할 경우 피고의 경영상 어려움이나 존립에 미치는 영향에 관하여 본다. 원고들은 비록 42명에 불과하지만 을 제6, 30호증의 각 기재 및 변론 전체의 취지를

<table>
<tr>
<td>가량 되고 위 금원에 대한 지연손해금까지 더하면 피고 회사는 약 50억 원이 넘는 금액을 원고들에게 지급하여야 하며, 여기에 원고들을 제외하고 약 2,000여명에 달하는 피고 회사 소속 기능직 근로자들이 동일한 요구를 하는 경우까지 고려하여 보면,</td>
<td>종합하면 이 사건 소송 결과에 따라 피고가 그 소속 근로자들에게 통상임금을 재산정한 추가 법정수당을 지급하기로 약정한 사실을 인정할 수 있으므로, 이 부분을 검토함에 있어서는 원고들 외의 근로자들도 함께 고려함이 타당하다(다만 피고의 근로자는 사무직 근로자와 기능직 근로자로 나누어지는데, 위 두 근로자들의 급여체계나 통상시급의 구성요소 등이 동일하다고 보기 어려우므로 사무직 근로자들에 관한 부분은 제외한다).
원고들 42명에게 인정되는 추가 법정수당은 별지3 인용금액표 '당심 인용금액'란 각 기재 금액이고, 그 합계액은 1,606,440,691원인데, 그 중 노조전임 등의 특별한 사정이 있는 원고 김○○, 김○○, 신○○ 부분을 제외할 경우 나머지 39명에게 인정될 금액은 1,566,835,568원이고, 1인당 평균 금액은 40,175,270원(=1,566,835,568원÷39명, 원 미만은 버림)이 된다. 원고들에게 인정되는 추가 법정수당을 기초로 피고가 기능직 근로자들에게 추가 지급할 법정수당 예상 총액을 산정하면 그 금액은 92,001,368,300원(=40,175,270원×2,290명)이 된다(원고들이 청구하는 추가 법정수당에 대한 지연손해금은 이 사건 소송경과에 따라 금액의 변동 가능성이 있다는 점을 감안하여 신의칙 위반 여부를 검토함에 있어서 고려하지 않는다).</td>
</tr>
</table>

(나) 제1심과 제2심이 상충(相衝)하는 판시 내용

위에서 제시되고 있는 것처럼 제1심과 제2심은 주요한 경영상 지표에 관해서는 동일하게 인정하고 있다. 그럼에도 불구하고 두 판결은 종국적으로 동일한 경영상 지표와 그로 인해 야기될지도 모를 가정적·추정적 결론에 근거하여 극명하게 상충하는 판단을 도출하고 있는 것이다.

제1심	제2심
(v) 피고 회사는 위 당기순이익의 상당 부분을 제수당을 지급하는데 사용하여야 할 것	(e) 피고의 기능직 근로자들에 대한 추가 법정수당 예상 지급액과 피고의 매출액, 영업

이 예상되므로, 앞으로 시설투자, 생산개발 등 피고 회사의 투자활동에 위축 내지 지장을 불러올 것으로 보인다. (따라서) 원고들이 이 사건 2상여금을 통상임금에 포함하여 법정수당의 추가 지급을 구하는 것은 노사가 합의한 임금수준을 훨씬 초과하는 예상외의 이익을 추구하고 그로 말미암아 피고 회사에게 예측하지 못한 재정적 부담을 지워 중대한 경영상의 어려움을 초래하거나 피고 회사의 존립을 위태롭게 하게 되어 형평의 관념에 비추어 도저히 용인될 수 없으므로, 원고들의 이 사건 청구는 신의성실의 원칙에 위배되어 허용될 수 없다.	이익과 당기순이익 규모, 피고의 투자규모와 그 내역, 자금조달능력에 비추어 보면, 짝수 달 상여금을 통상임금에 포함하여 재산정한 추가 법정수당의 지급으로 인해 매출액 대비 영업이익률이 그리 높지 않은 피고가 단기적으로는 어느 정도 경영상의 어려움을 겪을 가능성이 있더라도, 그 경영상 어려움의 정도가 원고들의 추가 법정수당 지급 청구를 신의칙 위반이라고 볼 정도의 중대한 경영상 어려움을 초래하거나 피고의 존립을 위태롭게 할 정도에 이른다고 단정하기 어렵다 할 것이다.

(4) 비판

(가) 강행법규 위반 시에 신의칙의 적용 판단 기준에 대한 몰이해

앞서 '나) 관련 법리' 부분에서 언급했듯이, 만도 사건에 있어서는, 강행법규 위반에도 불구하고 신의칙의 적용을 인정한 '제1심 판결'이나 신의칙의 적용을 부정한 '제2심 판결' 모두 신의칙 위반인지 여부를 판단하기 위한 「본질적이고 핵심적인 요건」과 「사후적이고 외부적이며 파생적인 우연한(zufällig) 사정 내지 사실관계」를 준별하지 못하고 있다. 이는 기아자동차 사건 제1심 판결에서도 마찬가지였다.

계속해서 강조되고 있듯이, 권리의 행사가 신의칙에 위반되는지 여부를 판단함에 있어서는 '당사자 사이의 법률관계 및 이에 기초하여 그 본질을 이루는 신뢰에 반하는 권리행사인지 여부'가 가장 중요한 요건이며, 당사자에게 우연히 초래되는 신분적 또는 경제적 변화는 부수적 요소 내지 파생적 사실에 불과할 뿐이다. 즉 대법원 전원합의체 판결이 이른바 특별한 사정으로 제시했던 '추가 법정수당 청구로 인해 결과적으로 사용자 측에 중대한 경영상의 어려움이 초래되거나 기업의 존립이 위태롭게 되는 것' 등은 그저 사후에 '우연히 존재할 수 있거나 발생할 수도 있는' 사실적인 측면이다. 다시 말해서 이러한 특별한 사정은 모순행위금지원칙의 본질과는 무관한, 단지 '사후적이고 외부적이며 파생적인 사정 내지 사실관계'일 뿐인 것이다.

다만 여기에서도 유의할 것은, 제1심과 제2심이 추가 법정수당 청구로 인해 사용자 측에 중대한 경영상의 어려움이나 기업 존립의 위태로움이 야기되었는지 여부를 판단하기 위해서 기초로 삼았던 '경영상 지표들'이 전혀 무의미한 것은 아니며, 오히려 대상 사건을 판결해야 하는 법관으로서는 그와 같은 경영상 지표들에 근거하여 사용자 측의 침해된 신뢰가 특별히 법적으로 보호할 가치 있는 보다 높은 수준의 신뢰라는 점을 확인할 수 있다는 점이다. 다시 말해서 추가 법정수당 청구로 인하여 변경되어 나타나는 경영상 지표들과 이에 근거하는 판단하게 되는 중대한 경영상의 어려움 내지 기업 존립의 위태로움의 야기 등은 「사실상의 기능적 역할」을 수행하고 있는 것이다.

이러한 이유에서, 예컨대 제2심이 '단기적으로는 어느 정도 경영상의 어려움을 겪을 가능성이 있더라도, (신의칙이 적용되기 위해서는) 그 경영상 어려움의 정도가 … 신의칙 위반이라고 볼 정도의 중대한 경영상 어려움을 초래하거나 피고의 존립을 위태롭게 할 정도에 이르러야 한다'고 판시하고 있는 바, 이처럼 사용자가 현재 기업회생이나 정리해고의 긴박한 경영 위기 수준이 되어야만 경영상의 어려움이 초래되는 것으로 판단하고, 그러한 경우에 한하여 신의칙이 적용될 수 있다고 판시한 것은 대법원 전원합의체 판결의 취지를 완전하게 잘못 이해하는 것이다. 요컨대 우연성(Zufälligkeit)을 그 본질로 하는 그러한 특별한 사정(중대한 경영상의 어려움 또는 기업 존립의 위태로움의 야기)은 모순행위금지원칙의 적용 가부를 판단함에 있어서 특별하지도 않으며, 무엇보다 핵심요건으로서 고려되어서도 안 된다.

위와 같은 관점에서 본다면, 제1심이 비록 (제2심과 달리) 신의칙 적용을 인정하고 있다고는 하지만, 제2심에 가해지는 동일한 비판을 제1심이 피해가기는 어려워 보인다. 결정적으로 제1심과 제2심이 신의칙의 적용 가부를 신의칙의 본질이 아닌 '사후적이고 외부적이며 파생적인 우연한 사정 내지 사실관계'에 근거하여 판단하기 때문에, 두 판결은 동일한 인정 사실들에도 불구하고 이를 바라보는 각 심급별 법관의 자의적인 시각에 따라서 극명하게 상충하는 결론을 도출하고 있는 것이다. 말하자면 '객관적으로 이루어져야 하는 법률적 판단'이 당해 사실관계의 우연성과 그 우연성을 다루는 법관의 자의적인 관점에 좌우되고 있는 것이다. 이는 무엇보다 법질서를 유지시켜주는 대원칙인 법적 안정성과 신뢰보호를 필연적으로 해치는 결과가 될 수밖에 없다.

(나) 2008년~2012년 단체협약상 임금 및 상여금 규정의 의의(意義)에 대한 몰이해

특히 제2심은 2008년부터 2012년까지 체결된 단체협약상의 임금과 상여금 규정의 「의의(意義)」를 전혀 이해하지 못하는 것으로 보인다. 즉 해당 기간 동안의 단체협약상 임금과 상여금 규정은 다음과 같이 이해되어야 마땅하다.

첫째, 해당 기간 동안 임금과 상여금은 꾸준히 인상되었다. 2008년 통상임금의 기준 항목은 9개 항목이었으나, 2012년 통상임금의 기준 항목은 11개 항목으로 늘어났으며, 2008년 상여금은 연 8회 분할지급에 지급률이 연 700%였으나, 2010년 상여금은 연 9회 분할지급에 지급률이 연 750%로 인상되었다.

둘째, 여기에서 명심해야 하는 것은 각 년 도별 임금과 상여금의 인상 기준은 대법원 전원합의체 판결이 인정하고 있는 것처럼 당해 연도 「기업의 한정된 수익」이 된다는 점이다. 다시 말해서 당해 연도 기업의 한정된 수익이 임금과 상여금 등 총 급여 인상분의 한계를 설정한다는 것이다.

[「대법원 2013.12.18. 선고 2012다89399 전원합의체 판결」 중 발췌]

"(우리나라에서) 노사가 자율적으로 임금협상을 할 때에는 기업의 한정된 수익을 기초로 하여 상호 적정하다고 합의가 이루어진 범위 안에서 임금을 정하게 되는데, 우리나라의 실태는 임금협상 시 임금 총액을 기준으로 임금 인상 폭을 정하되, 그 임금 총액 속에 기본급은 물론, 일정한 대상기간에 제공되는 근로에 대응하여 1개월을 초과하는 일정 기간마다 지급되는 상여금(이하 '정기상여금'이라고 한다), 각종 수당, 그리고 통상임금을 기초로 산정되는 연장·야간·휴일 근로 수당 등의 법정수당까지도 그 규모를 예측하여 포함시키는 것이 일반적"이다.

셋째, 따라서 '정기상여금이 통상임금에 산입되는 경우'에는 ① 상여금의 인상폭이나 그에 따른 임금의 인상폭은 당연히 종래의 노사합의 당시와 동일한 수준을 가질 수 없게 되며, ② 다만 그런 경우에도 총 급여의 인상폭에는 별다른 변화가 없게 된다. 왜냐하면 종국적으로 총 급여의 인상분은 당해 연도 기업의 한정된 수익이라는 한계에 부딪힐 수밖에 없기 때문이다.

여기에서 반드시 주목해야 하는 점은, 임금 및 상여금의 인상폭이 해당 기간 동안 동일하게 상승하지 않았을 것임에도, 결국 당해 연도의 총 급여의 인상폭은 종국적으로 당해 연도 기업의 한정된 수익을 한계로 결정되는 것이고, 따라서 정기상여금이 통상임금에 포함되지 않았더라도 이로 인해 그 당시 근로자 측이 적어도 임금과 관련해서는 전혀 불이익을 보지 않았다는 것이다. 왜냐하면 정기상여금을 통상임금에 산입함으로써 상승했었을(즉, 추가되었을) 임금 인상폭은, 어차피 다른 임금 구성항목을 통해서 보전되었기 때문이다. 이러한 결과가 현실적으로 반영된 것이 바로 「2015년 노사합의」이다. 2015년 사용자 측과 근로자 측은 이 사건의 정기상여금을 통상임금에 포함시키면서 필연적으로 다음과 같은 내용의 합의를 하지 않을 수 없었다.

① 야간근로수당을 통상임금의 70%에서 50%로, 연차수당을 통상임금의 150%에서 100%로 하향 조정
② 주차수당을 기본급에 통합
③ '주간 10시간+야간 10시간'의 주야 맞교대 근무형태를 '1조 8시간+2조 8시간'의 주간 2교대 근무형태로 변경함으로써 「근로시간의 단축」
④ 식목일을 휴일에서 배제

정기상여금을 통상임금에 포함시켰음에도 불구하고, 노사 양 당사자가 합의(Vereinbarung)를 통해서 위와 같은 임금 및 근무 체계를 다시 변경함으로써 결과적으로 임금 인상률을 2%선에서 결정할 수 있었고, 그로써 2015년 전후의 매출원가는 별다른 변화 없이 유지될 수 있었던 것이다. 요컨대 사용자 측과 근로자 측은 종국적으로 당해 연도의 기업의 한정된 수익(말하자면 기업이 부담 가능한 1인당 노동비용)에 기초하여 총 임금을 "상호 합의를 통해서" 결정해왔던 것이다.

이처럼 사용자 측과 근로자 측은 지난 세월동안 국내・외의 어려운 경제상황과 여건 속에서도, 상호 (긍정적인) 긴장관계에서 임금협상을 해왔고, 그 과정에서 상호 협력을 통한 합의에 기초하여 공생 관계를 유지해왔으며, 무엇보다 노사 합의에 대한 굳건한 신뢰관계에 근거해서 함께 발전을 거듭하며 생존해 왔던 것이다. 요컨대 사용자 측과 근로자 측이 함께 구축하고 형성해온 「정기상여금이 통상임금에서 제외된다」는 점에 대한 신뢰는, 바로 그러한 노사관계의 산물(産物)인 것이다. 그럼에도 불구하고 제1심과 제2심은 이러한 신뢰의 본질을 고려하지 아니한 채, 단지 경영상 지표에 따른 중대한 경영상의 어려움 내지 기업 존립의 위태로움이라는 '사후적이고 외부적이며 파생적인 우연한 사정 내지 사실관계'에 근거하여 신의칙의 적용 가부를 판단하고 있다.

따라서 사용자 측과 근로자 측이 가졌던 '정기상여금은 통상임금에서 배제된다'는 점에 대한 신뢰는 강행법규 위반에도 불구하고 「특별히 법적으로 보호할 가치 있는 보다 높은 수준의 신뢰」라고 하지 않을 수 없다. 이러한 신뢰가 전제되지 않았다면 사용자 측과 근로자 측은 기존과 동일한 단체협약을 체결할 수 없었고, 임금과 상여금은 동일한 수준으로 '인상'될 수 없었으며, 종국적으로 인상되지 못한 부분에 대한 손익은 사용자 측과 근로자 측이 함께 부담해왔음이 자명하다. 이점에 대한 이의는 있을 수 없어 보인다.

넷째, 결과적으로 제1심과 제2심이 동일하게 인정하는 사실인 '2상여금(짝수달 상여금)을 통상임금에 산입하여 재산정함으로써 발생하는 임금인상폭(대약 60%), 임금인상률(19%, 종전 인상률의 4.7~5.4배) 및 추가적으로 지급되어야 하는 금액인 최소 920억 원'은 ① 기업의 한정된 수익을 고려하면 '그' 당시에는 전혀 고려될 수 없었던, 그저 오늘날을 기준으로 예상할 수 있는 '가정적·추정적 수치'일 뿐이며, ② 따라서 특히 기존의 임금 수준에 추가된 최소 920억 원이 현실적으로 인정된다면, 이는 그 자체로 중대한 경영상의 어려움이나 기업 존립의 위태로움을 야기하는 것으로 이해되지 않을 수 없고, ③ 이러한 이해는 명백하게 '정기상여금이 통상임금에서 배제된다'는 점에 대한 사용자 측과 근로자 측의 신뢰가 왜 「특별히 법적으로 보호할 가치 있는 보다 높은 수준의 신뢰」인지를 분명하게 확인시켜주고 있는 것이다.

요컨대 당해 연도 기업의 한정된 수익이 총 급여의 인상수준의 한계를 형성한다는 점이 전제되는 한, 정기상여금을 통상임금에 산입하여 재산정함으로써 발생한 추가 법정수당은 그저 가정적이고 추정적인 수치에 불과할 뿐이다. 무엇보다 그러한 추가 법정수당이 반영되었을 가정적이고 추정적인 경영상태가 과연 사용자 측과 근로자 측에 이익이 되었을지, 불이익이 되었을지는 전혀 예상할 수 없는 일이다. 이러한 가정적이고 추정적인 경영상 지표는 신의칙의 적용 가부를 판단함에 있어서는 반드시 배척되어야 하는 요소들인 것이다. 다만 한 가지 유의할 점은, 이러한 경영상 지표가 대상 사건을 판결해야 하는 법관으로 하여금 사용자 측의 침해된 신뢰가 특별히 법적으로 보호할 가치 있는 보다 높은 수준의 신뢰라는 점을 확인하도록 하는 사실상의 기능을 수행할 수 있다는 점이다.

(다) 동일한 경영상 지표를 바라보는 상충된 시각과 판단

제1심과 제2심은 2상여금(짝수 달 상여금)을 통상임금에 산입하여 재산정한 주요한 경영지표에서 동일한 수치를 도출하고 있다. 그리고 법률적 규준이 될 수 없고 되어서도 안 되는 그러한 경영지표와 그에 따른 '사후적이고 외부적이며 파생적인 우연한 사정 내지 사실관계(중대한 경영상의 어려움 또는 기업 존립의 위태로움)'를 신의칙 적용 가부의 판단기준으로 하여 사건을 판단하고 있다. 그 결과 동일한 경영상 지표에 근거함에도 불구하고 제1심과 제2심은 극명하게 상충하는 판결을 내리고 있는 것이다.

제1심은 피고 회사가 해당 기간 동안 115,902,350,397원이라는 당기순이익을 달성했음에도 불구하고, 재판 결과에 따라서 원고들을 포함한 약 2,000여명의 근로자들에게 추가 법정수당을 지급하는 때에는 그 당기순이익의 상당부분을 제 수당을 지급하기 위해 사용해야하기 때문에, 향후 시설투자, 생산개발 등 피고 회사의 투자활동에 위축 내지 지장을 불러올 것이라는 「가정적 · 추정적 결론」에 이르고 있다. 이에 제1심은 신의칙의 적용을 긍정하고 있는 것이다.

반면 제2심은 추가 법정수당에 기초하여 피고가 원고들을 포함한 기능직 근로자들에게 지급해야 할 예상 총액이 92,001,368,300원이 된다는 점을 인정하면서도, 제1심과 마찬가지로 "피고의 기능직 근로자들에 대한 추가 법정수당 예상 지급액과 피고의 매출액, 영업이익과 당기순이익 규모, 피고의 투자규모와 그 내역, 자금조달능력에 비추어 보면, 짝수 달 상여금을 통상임금에 포함하여 재산정한 추가 법정수당의 지급으로 인해 매출액 대비 영업이익률이 그리 높지 않은 피고가 단기적으로는 어느 정도 경영상의 어려움을 겪을 가능성이 있더라도, 그 경영상 어려움의 정도가 원고들의 추가 법정수당 지급 청구를 신의칙 위반이라고 볼 정도의 중대한 경영상 어려움을 초래하거나 피고의 존립을 위태롭게 할 정도에 이른다고 단정하기 어렵다"는 「가정적 · 추정적 결론」에 이르고 있다. 이에 제2심은 신의칙의 적용을 부정하고 있는 것이다.

결론적으로 제1심과 제2심은 본질적으로 법률적 판단규준이 될 수 없는 경영지표와 그로 인해 야기될지도 모를 '사후적이고 외부적이며 파생적인 우연한 사정 내지 사실관계', 즉 「가정적 · 추정적 결론」에 근거하여 신의칙의 적용 가부를 판단하고 있다. 앞서 강조되었듯이, 이러한 판단 기준은 법률적 판단규준과 무관한 우연성(Zufälligkeit)이 그 본질을 이루고 있기 때문에, 이러한 우연성(Zufälligkeit)이 법적 정당성의 판단에 개입하게 되는 경우에는 오히려 동일한 권리행사임에도 불구하고 결과적으로 야기되는 중대한 경영상의 어려움 내지 기업 존립의 위태로움과 이를 바라보는 법관의 자의적 시각에 의해서 당해 권리의 인정 여부가 상충하게 되는 부당한 결론을 낳게 된다. 요컨대 만도 사건에서 신의칙의 적용을 긍정한 제1심뿐만 아니라, 신의칙의 적용을 부정한 제2심도 더 이상 그 정당성을 담보할 수 없게 되었다.

(5) 소결

기아자동차 사건 제1심 판결과 마찬가지로, 만도 사건의 제1심 판결과 제2심 판결도 대법원 전원합의체 판결이 제시하는 '강행법규 위반 시에 신의칙의 적용 판단 기준(일반요건 3가지와 특별한 사정 4가지)'을 오해하거나 경솔하게 적용함으로써, 결과적으로 정당성을 확보할 수 없는 판결을 내리고 있다.

따라서 만도 사건에 있어서도 사용자 측과 근로자 측이 함께 장기간 '지속적이고 반복적으로, 진실하고 성실하게' 임금 협상을 진행해왔음에 주목해야 하며, 무엇보다 「정기상여금이 통상임금에서 배제된다」는 점에 대한 신뢰가 '어느 당사자에 의해서도 침해되어서는 안 되는' 오랜 세월동안 발전시키고 유지해온 노사 양 당사자 간 신뢰관계의 산물(産物)임을 결코 간과해서는 안 되었다.

요컨대 만도 사건에서 각 하급심은 강행법규 위반 시에 신의칙의 적용 가부를, 사후적이고 외부적이며 파생적인 사정 내지 사실관계인 '중대한 경영상의 어려움 내지 기업 존립의 위태로움'에 근거하여 판단해서는 결코 안 되며, 신의칙의 본질론에 따라서 신의칙의 적용 가부를 판단해야만 한다.

종국적으로 원고들의 '추가 법정수당 청구'는 강행법규 위반 시에 신의칙이 예외적으로 적용되기 위한 요건인 「예외적인 법률적 판단규준 제4 요건 : 특별히 법적으로 보호할 가치 있는 보다 높은 수준의 신뢰」를 침해하기 때문에 받아들여질 수 없다.

Ⅳ 신의칙 본질론에 근거한 판결

◦ '현대중공업 사건 (Ⅱ)'에 대한 비판적 검토

◦ 제1심 판결 : 울산지방법원 2018.5.30. 선고 2015가합2351 판결[65)]

1. 사실관계

(1) 기초사실

가. 피고는 선박건조 및 수리 판매 등을 영위하는 법인이고, 원고들은 피고와 근로계약을 체결하고 입사한 근로자들이다.

나. 피고는 원고들을 비롯한 소속 근로자들에게 매년 800%의 상여금(= 기간상여 600%+연간상여 100%+명절상여 100%)을 지급해 왔고, 단체협약에서 정해진 근로시간을 넘는 연장근로나 단체협약에서 정해진 휴일에 따른 휴일근로에 관하여 단체협약에서 정해진 대로의 연장근로수당, 휴일근로수당을 지급하였으며, 단체협약에서 정해진 연차・월차휴가 중 미사용분에 관하여도 마찬가지로 단체협약에서 정해진 대로의 연차휴가수당, 월차휴가수당을 지급하였으며(위 각 수당을 통틀어 '각종 수당'이라 한다), 매년 통상임금에 일정비율로 계산된 격려금, 성과금과 하기휴가비(이하 '격려금 등'이라 한다)를 지급하였다. 그런데 이러한 각종 수당과 격려금 등을 지급할 때, 피고는 위 상여금은 통상임금에 포함되지 아니하는 것으로 보고, 이를 제외하고 계산하여 지급하였다. 이와 관련한 피고의 단체협약, 급여세칙 등의 규정 내용은 아래와 같다.

[단체협약]

제23조 (휴직)

회사는 다음의 경우 조합원에게 휴직을 명할 수 있다. 단, 본인이 원할시 연・월

65) 이하에서 소개되는 현대중공업 사건 (Ⅱ) 제1심 판결문은「내용의 변화 없이」비판적 검토의 용이성을 위해서 저자가 다시 정리한 것임을 밝혀둔다.

차로 사용할 수 있다.

1. 업무 외 부상이나 질병으로 인하여 10일 이상의 요양을 요할 때
3. 신체상 또는 정신상의 장애로 업무수행이 곤란하다고 판정되었을 때

제25조 (휴직자의 처우)

(2) 휴직이 본 협약 제23조 1, 3호의 사유에 의한 것일 때에는 휴직발령일로부터 6개월까지 통상임금의 100분의 60을 지급한다.

제30조 (징계의 종류)

(3) 감봉 : 1회에 3월을 초과할 수 없으며, 기본급 월액의 1/10을 초과할 수 없다.
(4) 출근정지 : 5일 이내 1회에 한함(무급)
(5) 정직 : 2개월 이내로 함(무급, 신분은 유지)

제48조 (연장 및 휴일노동)

(5) 유급휴일 노동수당은 각 호에 따라 지급한다.

1. 08:00~17:00 통상임금의 150%
2. 17:00~22:00 통상임금의 300%(식사시간은 제외)
3. 22:00~06:00 통상임금의 350%
4. 06:00~08:00 통상임금의 300%

제50조 (월차유급휴가)

(1) 회사는 조합원으로서 1개월간 소정의 노동일을 개근한 자에게 1일의 월차유급휴가를 준다.
(4) 미사용 월차휴가는 익년 입사월에 통상임금의 120%로 정산하여 지급한다.

제51조 (연차유급휴가)

(1) 회사는 입사일을 기준으로 1년간 소정 노동일수를 개근한 조합원에게 다음과 같이 연차유급휴가를 준다.

1. 연 개근했을 때 10일
2. 연 95% 이상 출근시 9일
3. 연 90% 이상 출근시 8일

(2) 회사는 2년 이상 계속 근무한 조합원에 대해 1년을 초과하는 매 1년마다 1일의 유급휴가를 가산한다.
(5) 제1, 2항의 미사용 연차휴가는 익년 입사월에 통상임금의 120%로 정산하여 지급한다.

제64조 (상여금)

회사는 조합원에게 다음과 같이 상여금을 지급한다.

1. 지급기준은 기본급, 지역/복지수당, 근속수당, 가족수당, 직무환경수당과 환산시간 20시간을 포함한다.
2. 상여금 지급률 및 지급시기는 매년 임금협상시 결정한다.
3. 세부사항은 상여금 지급규정에 의한다.

[별도합의서]

2. 명시 외 추가사항

(7) 하기휴가비(제54조)

회사는 조합원의 휴양 및 사기진작을 위하여 통상임금의 50% 하기휴가비를 지급한다.

[2012년의 급여세칙]

5.7. 상여금

5.7.1 상여금 지급원칙

상여금은 취업규칙 및 단체협약의 정하는 바에 따라 지급함을 원칙으로 한다.

5.7.2 상여금 지급대상 및 적용기간

(1) 지급대상은 특별히 비대상 또는 지급제한을 규정한 경우를 제외하고는 전 종업원에게 적용하며, 수습기간은 상여금 계산시 근무기간으로 본다.

(2) 퇴직자에 대한 상여금은 적용대상 기간동안 근무분에 대해서 일할계산하여 지급한다.

5.7.3 상여금 지급기준

(1) 상여금의 연간 지급율은 800%로 한다.

(2) 상여금 지급시 적용임금은 기본급, 지역/복지수당, 근속수당, 가족수당, 직무환경수당, 연구수당, 생산관리수당, 설계수당 및 상여 O/T 실작업시간 13.3시간(환산시간 20시간)을 포함한다.

(3) 상여금은 년 6회 분할 지급하되 2월, 4월, 6월, 8월, 10월말에 각 100%(아

래 12월말에 지급하는 200% 중 100%와 위 500%를 합하여 이를 '기간상여'라고 한다)를 지급하고, 명절상여는 설날/추석에 각각 50%, 12월말에 200%(이 중 위 100%를 제외한 나머지 100%를 '연간상여'라고 하고, 위 각 상여금 전부를 총칭할 때에는 '이 사건 상여금'이라고 한다)를 지급한다.

(4) 상여금 적용 임금은 지급대상 기간의 말일을 기준으로 하되, 설날, 추석은 휴일 시작일을 기준으로 한다.

(5) 상여금 적용일수는 기간상여의 경우 지급월 전월 2개월로 하고, 연간상여의 경우 전년도 12월부터 당해년도 11월까지로 한다. 단 명절상여는 이전 명절상여 지급일 이후부터 다음 지급일까지로 한다.

5.7.4 상여금 감율적용

(1) 상여금 지급시 적용되는 감율은 다음에 의한다.

구분	기간상여	연간상여
결근	◦ 유결 1회당 3% 감액(무결은 유결의 1.5배 적용)	-
지각	◦ 1회당 1% 감액(단, 3회 이상만 적용)	-
조퇴	-	◦ 연간 12회 초과시 1회당 1% 감액
휴직	◦ 휴직일수만큼 감액	◦ 휴직일수만큼 감액
징계	◦ 견책 : 매 건당 3% 감액(단, 2회 이상만 적용) ◦ 정직 : 일수만큼 감액 ◦ 출근정지 : 일수만큼 감액	◦ 정직 : 일수만큼 감액 ◦ 출근정지 : 일수만큼 감액

※ 단, 명절상여의 경우, 유/무결, 휴직, 정직, 출근정지 등 일수 감율

(2) 상여금 지급대상기간 중 중도 입사자는 근무일수에 비례하여 지급한다.

(3) 감율 적용기간은 지급월 전월 2개월의 근태를 적용한다.

5.7.5 비 근무분 적용

상여금 지급대상기간 중 파업 등으로 소정근로일 중 비근무분에 대하여는 안분계산, 감액할 수 있다.

(2) 당사자들의 주장

1) 원고들의 주장

이 사건 상여금은 소정근로의 대가로 지급되는 임금으로 통상임금에 해당함

에도 피고가 2012.12.분부터 2014.5.분까지 각종 수당과 격려금 등 및 퇴직금을 계산할 때 이를 제외하였는바, 이는 근로기준법에서 정한 기준에 미치지 못하는 근로조건을 정한 것이므로, 피고는 원고들에게 이 사건 상여금을 통상임금으로 보아 계산되는 각종 수당과 격려금 등 및 퇴직금을 추가로 지급하여야 한다.

2) 피고의 주장

피고는 노동조합과의 단체협약 등을 통해 이 사건 상여금이 통상임금에 포함되지 않는 것을 전제로 임금을 지급하였는데, 원고들은 위 합의가 근로기준법에 위배되어 무효라고 주장하면서 피고에 대하여 이 사건 상여금을 통상임금에 포함시켜 이를 토대로 계산한 미지급 법정수당 등의 지급을 구하고 있는바, 원고들의 이러한 청구는 노사합의에 반할 뿐 아니라 피고에게 예측하지 못한 과도한 재정적 부담을 안겨주어 중대한 경영상의 어려움을 초래하거나 피고의 존립을 위태롭게 하는 것이므로, 신의칙상 허용되어서는 아니 된다.

(3) 쟁점 정리

이 사건 상여금을 통상임금에 포함시킨 다음 이를 기초로 산정한 각종 법정수당 등의 추가 지급을 구하는 원고들의 이 사건 청구는 신의칙에 위배되는지 여부가 문제된다.

2. 판시내용

(1) 관련 법리

① 단체협약 등 노사합의의 내용이 근로기준법의 강행규정을 위반하여 무효인 경우에, 그 무효를 주장하는 것이 신의칙에 위배되는 권리의 행사라는 이유로 이를 배척한다면 강행규정으로 정한 입법 취지를 몰각시키는 결과가 될 것이므로, 그러한 주장이 신의칙에 위배된다고 볼 수 없음이 원칙이다.

② 그러나 노사합의의 내용이 근로기준법의 강행규정을 위반한다고 하여 그 노사합의의 무효 주장에 대하여 예외 없이 신의칙의 적용이 배제되는 것은 아니

다. 신의칙을 적용하기 위한 일반적인 요건을 갖춤은 물론 근로기준법의 강행규정성에도 불구하고 신의칙을 우선하여 적용하는 것을 수긍할만한 특별한 사정이 있는 예외적인 경우, 그 노사합의의 무효를 주장하는 것은 신의칙에 위배되어 허용될 수 없다.

③ 그런데 종래 우리나라 대부분의 기업들의 노사 임금협상과정에서 보듯이, 노사합의에서 정기상여금이 그 자체로 통상임금에 해당하지 아니한다고 오인한 나머지 이를 통상임금 산정 기준에서 제외하기로 합의하고 이를 전제로 임금수준을 정한 경우,

④ 근로자 측이 당해 임금협상의 방법과 경위, 실질적인 목표와 결과 등은 도외시한 채 임금협상 당시 전혀 생각하지 못한 사유를 들어 정기상여금을 통상임금에 가산하고 이를 토대로 추가적인 법정수당의 지급을 구함으로써, 노사가 합의한 임금수준을 훨씬 초과하는 예상 외의 이익을 추구하고 그로 말미암아 사용자에게 예측하지 못한 새로운 재정적 부담을 지워 중대한 경영상의 어려움을 초래하거나 기업의 존립을 위태롭게 한다면, 이는 종국적으로 근로자 측에까지 그 피해가 미치게 되어 노사 어느 쪽에도 도움이 되지 않는 결과를 가져오므로

⑤ 정의와 형평의 관념에 비추어 신의에 현저히 반하고 도저히 용인될 수 없음이 분명하다. 그러므로 이와 같은 경우 근로자 측의 추가 법정수당 청구는 신의칙에 위배되어 받아들일 수 없다.

(2) 판단

ⓐ 을 제35 내지 49호증(가지번호 있는 경우 각 가지번호 포함)의 각 기재에 변론 전체의 취지를 종합하여 인정되는 아래와 같은 사정들을 종합하면, 원고들이 이 사건 기간상여 및 연간상여를 통상임금에 포함하여 미지급 각종 수당 등의 추가 지급을 구하는 것은 노사가 합의한 임금수준을 훨씬 초과하는 예상 외의 이익을 추구하고 그로 말미암아 피고에게 예측하지 못한 새로운 재정적 부담을 지워 중대한 경영상의 어려움을 초래하거나 피고의 존립을 위태롭게 하는 것으로서 정의와 형평의 관념에 비추어 도저히 용인될 수 없으므로, 원고들의 이 사건 청구는 신의칙에 위배되어 허용될 수 없다고 봄이 상당하다.

(i) 피고는 오랫동안 이 사건 상여금을 통상임금의 범위에서 제외한 채 연장근로수당 등 각종 수당을 산정하여 왔고, 이러한 계산방법에 관하여 원고들을 비롯한 피고 소속 근로자들이나 노동조합이 이 사건 소 제기 이전까지는 별다른 이의를 제기한 바 없으며, 노동조합 역시 단체협약에 통상임금을 수당과 기본급이라고 정의하여 이 사건 상여금은 제외되는 것처럼 규정함에 동의하였고, 자신들이 조합원들을 위해 발행한 생활백서에서도 '통상임금'이라는 제목으로 "기본급+근속+지역/복지+직책+직무환경+직무/자격+개인연금"이라고 기재하여 이 사건 상여금이 통상임금에서 제외되는 것을 전제로 하였으며, 노동조합이 피고와 임금협상을 함에 있어서도 월 고정임금과 월할 상여금을 합한 금액과 표준생계비 계산액의 차액을 근거로 삼아 요구하는 등 임금, 수당, 상여금 등을 합한 임금 총액만을 고려하였는바, 이처럼 피고와 노동조합은 이 사건 상여금이 도입된 이래 상여금이 통상임금에서 제외된다는 인식 하에 상여금을 통상임금의 범위에서 제외하기로 합의하고, 이를 전제로 임금협상이나 단체교섭을 해 왔다.

(ii) 통상 우리나라에서 노사가 상호 적정하다고 합의한 범위에서 임금 총액을 정하고 이를 기초로 임금협상을 하는 경우, 그 임금 총액 속에는 기본급은 물론 일정한 대상기간에 제공되는 근로에 대응하여 1개월을 초과하는 일정 기간마다 지급되는 상여금, 각종 수당, 그리고 통상임금을 기초로 산정되는 법정수당까지 그 규모를 예측하여 포함시키는 것이 일반적이다. 그런데 피고의 원가관리부는 제조 원가에 대한 사업 계획을 수립할 때, 견적 단가에 적용된 예상 노무비 총액(임금 총액)을 고려하여 예산 편성 기준을 마련하여 위 기준을 가지고 피고의 지급 능력, 전년도 사업 실적, 직원 및 동종사 임금수준 등을 고려하여, 그해의 임금인상률을 추산해 본 다음, 이를 각 임금 항목에 할당하고, 피고의 노동조합은 임금협상 이전에 피고로부터 "직급별, 연차별 근로자 1인이 지급받는 총액 임금 내역"이 포함된 자료를 받아 이를 바탕으로 임금 인상 요구안을 마련하는 등 피고와 노동조합은 임금 협상 과정에서 임금 총액을 기준으로 기본급 등의 인상률과 각종 수당의 증액 여부를 결정하였고, 법정수당의 규모도 함께 고려하였다고 보인다. 따라서 피고와 노동조합이 만약 이 사건 상여금이 통상임금에 산입될 것을 고려하여 임금협상을 하였더라도 임금인상률의 하향 조정 등을 통하여 결

과적으로 임금협상 후의 임금 총액에는 큰 변동이 없었을 것으로 판단된다.

(iii) 이 사건 기간상여 및 연간상여는 기본급에 근속수당 등을 합산한 금액의 연 700%에 해당하는 금액인바, 통상임금의 구성항목들과 각 액수 및 위 상여금 산정방식과 액수에 따라 위 상여금을 통상임금에 산입할 경우, 아래 예에서 보는 바와 같이 그 통상임금의 액수가 노사합의로 정한 통상임금의 액수를 훨씬 초과하게 됨은 명백하다.

- ◦ 피고 소속 근로자들의 기존 방식으로 산정한 월 통상임금이 2,200,000원이라고 가정할 때, 이 사건 기간상여 및 연간상여는 월 통상임금의 연 700%에 해당하는 금액이므로, 위 각 상여를 포함하여 새로이 산정한 월 통상임금은 3,483,333원(=2,200,000원+2,200,000원×700%/12개월)이 되어, 통상임금이 약 58.3%[=(3,483,333원-2,200,000원)/2,200,000원] 증가하게 된다.
- ◦ 나아가 평균 근속기간에 근접한 근로자 1인(이하 '대표근로자'라 한다)을 선정하여 이 사건 상여금의 통상임금 산입 전・후의 각 연도별 임금내역을 비교하면, 대표근로자의 2009년 임금을 기초금액으로 하여, 노사협상에 따른 피고의 임금인상률은 2010년 약 0.6%, 2011년 약 2.8%, 2012년 약 4.0%, 2013년 약 1.8%, 2014년 약 0.6% 정도인데, 이 사건 상여금(2011년부터는 명절상여 포함)을 통상임금에 포함시킬 경우, 총 임금인상률은 2010년 약 23.7%, 2011년 약 14.6%, 2012년 약 10.7%, 2013년 약 6.2%, 2014년 약 2.5%에 달하게 되는바, 통상임금 산입 후의 임금인상률은 과거 노사합의에 따른 통상임금 산입 전의 임금인상률 대비 2.7배에서 39.6배까지 증가하게 된다.
- ◦ 그런데 피고는 선박 건조 및 수리 등을 영위하는 회사로서 피고 소속 생산직 근로자들의 경우 연장・야간근로 등 초과근로가 상시적으로 이루어질 수밖에 없을 것으로 보이는 점, 위에서 살펴본 것처럼 이 사건 기간상여 및 연간상여를 통상임금에 포함시키면 통상임금의 액수가 상당부분 증가하여 단체협약에서 예정한 통상임금의 액수를 훨씬 초과하게 되는 점 등에 비추어 보면, 피고의 근로자들이 추가 법정수당을 지급받을 경우

의 임금인상률은, 일부 초과근로가 없거나 미미한 근로자들을 제외하더라도 전체적으로 보아 임금협상 당시 노사가 협상의 자료로 삼은 법정수당의 범위를 현저히 초과하고, 근로자들이 추가 법정수당을 지급받게 될 경우 그들의 실질임금 인상률도 임금협상 당시 노사가 상호 양해한 임금인상률을 훨씬 초과할 것임이 명백하다.

(iv) 피고가 회계법인에 의뢰하여 이 사건 상여금을 통상임금 계산에 포함시키는 경우 피고가 추가로 부담하게 되는 금액에 관하여 조사한 결과, 2009.12.29.부터 2014.5.31.까지 4년 6개월간 피고 소속 근로자 38,302명을 기준으로 계산할 때, 상여금(명절상여 포함) 800%를 통상임금에 산입하고, 2014.12.31.까지 연 5%(단리)의 비율로 계산한 이자를 더하여 계산하였을 경우 약 2,581,526,000,000원(퇴직금 이외 인건비)에 달하는 것으로 나타났고, 그 중 명절상여를 제외하더라도 그 액수는 약 2,258,835,250,000원(=2,581,526,000,000원×700/800)으로 규모가 상당하다.

(v) 피고의 2010년부터 2015년 2분기까지의 매출액, 영업이익 및 당기순손익 등은 아래 표 기재와 같은바, 2015년 2분기 동안 피고의 영업손실은 1분기 대비 약 1.4배, 당기순손실은 약 3.5배를 기록하였으며, 이에 따라 적자 폭이 크게 증가하였다.

(단위 : 백만 원)

구분	2010년	2011년	2012년	2013년	2014년	2015년 1분기	2015년 2분기
매출액 (매출 총이익률)	22,405,181 (20.84%)	25,019,604 (15.38%)	25,055,014 (11.22%)	24,282,737 (8.67%)	23,463,461 (−2.51%)	6,610,037 (3.0%)	6,405,906 (2.2%)
영업이익 (영업 이익률)	3,439,436 (15.35%)	2,628,549 (10.51%)	1,284,650 (5.13%)	734,795 (3.03%)	−1,923,251 (−8.20%)	−198,626 (−3.0%)	−273,241 (−4.3%)
당기순손익 (당기 순이익률)	3,761,140 (16.79%)	1,945,941 (7.78%)	1,105,092 (4.41%)	451,668 (1.86%)	−1,754,677 (−7.48%)	−103,437 (−1.6%)	−357,844 (−5.6%)

◦ 이는 조선업 부문 반잠수식시추선 등 특수선박 인도지연으로 인한 추가 비용 발생, 해양부문 해외 현장 설치공사비 증가와 일부 공사의 공정지연 및 선박 2,000척 달성기념 특별격려금과 퇴직위로금 등 967억 원의 추가 비용 발생 등에 기인한 것이고, 이후 2016년도 매출액은 2015년도에 비하여 약 23%가 감소하였다. 이처럼 피고가 2014년도 이후 거액의 당기 순손실을 보고 있는 점까지 고려해 보면, 피고가 위와 같은 추가부담액을 부담하게 될 경우 이로 인해 예측하지 못한 새로운 재정적 부담을 안게 되어 적자의 지속적 누적으로 재무적인 위기가 더욱 심화될 수밖에 없을 것으로 보인다.

(vi) 피고의 2010년부터 2015년도 2분기까지의 부채비율과 순차입금비율은 아래 표 기재와 같은데, 2009년 금융위기 이후 선주들의 선수금 지연 납입 또는 공정별 중도금 지연 등으로 인하여 조선사들의 자금 부담이 증가하고 있으며, 이로 인하여 피고의 순차입금비율도 점차 악화되고 있다.

(단위 : 백만 원)

구분	2010년	2011년	2012년	2013년	2014년	2015년 1분기	2015년 2분기
부채 총계	15,069,099	15,201,221	15,447,946	16,551,415	18,226,154	17,722,051	16,860,494
자본 총계	13,819,032	14,719,277	15,189,936	15,580,312	13,773,205	13,791,707	13,346,175
부채 비율	109.05%	103.30%	101.70%	106.20%	132.33%	128.50%	126.3%
순차입금 비율	20.37%	22.71%	38.77%	41.83%	41.70%	49.19%	53%

◦ 한편 2014년 말 기준으로 피고의 자회사들을 포함한 연결재무제표 기준 부채비율은 220.8%로서, 이는 2014년에 재무구조가 취약하여 구조조정 차원에서 주채권은행과 사이에 재무구조개선약정[66]을 신규로 체결한 대

66) 재무구조가 취약한 대기업이 구조조정 차원에서 부채를 줄이고 수익성을 높이기 위한 방안을 주채권은행에 약속하는 이행 계획으로서, 재무구조개선약정 대상이 된다는 것은 금융시장에서는 부실그룹 징후가 발견되었나는 것으로 이해되는 중요한 지표에 해당한다고 볼 수 있다.

기업들의 평균 부채비율인 237.7%에 다가서고 있으며, 이 사건에 따른 추가부담액을 일시 지급할 경우 피고의 연결재무제표 기준 부채비율은 위 237.7%에 더욱 근접하거나 상회할 것으로 보인다.

(vii) 2013년 말까지 피고의 신용등급은 AA+에 해당하였으나, 2014년 말 AA 등급으로, 2015년 3월 AA- 등급으로 지속적으로 하락하다가, 2015년 8월에는 2015년 2분기 해양부문의 손실, 저유가 장기화에 따른 해양플랜트 시장 침체, 건조차질 및 추가적인 원가 투입에 기인한 공정효율성 저하 등 영업상의 부담 요인으로 인해 향후 수익구조 개선의 불확실성이 증대된 점 등이 고려되어 A+ 등급으로 하향 조정되었는데 이는 1년도 되지 않은 기간 동안 피고의 신용등급이 3등급 이상 하락한 것으로 그 재무상황이 상당히 불안정한 상태로 보이고, 이 사건 소송 진행 중인 2017년 3월에 또다시 A- 등급으로 하향 조정되었는바 이러한 신용등급의 변동은 회사채 차입조건 및 이자율 증가에도 상당한 영향을 미칠 것으로 보인다.

(viii) 피고의 2010년부터 2014년까지의 5년간의 현금흐름표는 아래 표 기재와 같은데, 피고는 매년 평균적으로 영업활동을 통해 약 1,873억 원을 벌어들였지만, 투자활동으로는 매년 약 1조 1,709억 원을 지출하고 있었던 것으로 보인다. 이처럼 피고가 설비 등 투자활동 관련 지출이 지속적으로 발생하고 있음에도 불구하고, 이에 필요한 현금을 영업활동에서 충분히 창출하지 못하고 있어 이로 인해 피고는 지속적으로 외부 차입 혹은 사채 발행 등의 재무활동을 통해 필요한 현금을 조달할 수밖에 없을 것으로 보인다.

(단위 : 백만 원)

구분	2010년	2011년	2012년	2013년	2014년	5개년 평균
영업활동	688,104	1,108,944	(-)2,180,228	47,990	1,271,995	187,361
투자활동	(-)3,047,803	(-)1,200,563	(-)293,046	(-)609,871	(-)703,463	(-)1,170,949
재무활동	2,351,600	75,254	2,388,991	771,333	107,731	1,138,982

(ix) 우리나라의 조선산업은 현재 ① 2016년의 수주절벽 현상에 따른 매출

둔화의 본격화, ② 유휴 인력으로 인한 인건비 등 고정비의 상승, ③ 싱가포르, 중국 등 해외 조선사들의 급성장으로 인한 연이은 수주 실패, ④ 선박 등의 공급 과잉으로 인한 신조선 가격의 하락, ⑤ 선박건조 원가의 약 20%를 차지하는 중요 원자재인 후판 가격의 인상 등 여러 악재에 시달리고 있으며, 위 요소들은 피고의 수익성 악화의 주요 원인 중의 하나라 할 것이다. 이는 산업구조적인 측면의 문제라고 보이고 이러한 상황에서 피고의 수익성 개선이 단기간 내에 이루어질 것으로 기대하기는 어려워 보인다.

ⓑ (ii) 그러나 앞서 든 증거에 변론 전체의 취지를 종합하여 인정되는 다음과 같은 사정 즉,

① 2012다89399 전원합의체 판결이 선고된 이후라도 통상임금에 해당하는 상여금을 고려한 실질적인 임금체계 개편이 이루어지지 않는 이상 종전의 단체협약 내지 취업규칙의 효력이 계속 유지된다고 보는 것이 노사간의 이해관계 및 형평에 맞는 점,

② 위 2012다89399 전원합의체 판결이 선고되었다고 하여 이 사건 상여금이 통상임금에 해당한다는 사실이 명백해졌다고 할 수 없는 점,

③ 피고의 노동조합과 피고로서는 이 사건 상여금(명절상여 포함)이 통상임금에 해당하는지를 이 사건 판결이 확정될 때까지 알 수 없으므로, 이에 관한 기준이 마련되지 않은 상태에서는 통상임금 재산정을 위한 단체협약을 체결하기도 어려울 것으로 보이는 점,

④ 피고의 근로자들에 대한 실질적인 임금체계의 개편이 이루어지지 않은 상태에서 피고가 근로자들에게 이 사건 상여금의 통상임금 산입에 따른 추가임금을 지급하여야 한다면, 피고로서는 지급능력 범위 내에서 임금을 협상하도록 하는 기회를 상실하게 되어 부당한 점 등에 비추어 보면,

⑤ 2012다89399 전원합의체 판결 선고 이후의 추가임금청구 부분 역시 적어도 이 사건 상여금이 통상임금에 해당된다는 판결이 확정되기 전까지는 신의칙에 반하여 허용될 수 없다고 봄이 상당하다. 따라서 원고들의 위 주장은 이유 없다.

ⓒ 따라서 이 사건 상여금을 통상임금에 포함시킨 다음 이를 기초로 산정한 각종 법정수당 등의 추가 지급을 구하는 원고들의 이 사건 청구는 신의칙에 위배되어 허용될 수 없다.

3. 평석

1) 법률적 판단규준에 대한 올바르고 정당한 이해

기아자동차 사건 및 만도 사건의 판결들과 완전히 다르게, 현대중공업 사건 (Ⅱ) 제1심 판결에서 추가 법정수당 청구에 대한 신의칙의 적용 가부를 판단하는 기준은, 그로 인해 야기될지도 모를 '중대한 경영상의 어려움 또는 기업 존립의 위태로움'이라는 '사후적이고 외부적이며 파생적인 우연한 사정 내지 사실관계'가 아니라, 「전체 법질서, 신의칙 및 강행법규의 본질적 의미와 상호 관계」라고 이해된다. 다시 말해서 현대중공업 사건 (Ⅱ) 제1심 판결은 전체 법질서(Rechtsordnung), 신의성실의 원칙(Grundsatz von Treu und Glauben) 및 강행법규(zwingendes Recht)의 의미와 상호관계를 고려하여 올바르고 정당하게 당해 사건에 대한 신의칙의 적용 가부를 판단하고 있는 것이다. 전체 법질서, 신의성실의 원칙 및 강행법규의 의미와 상호관계는 다음과 같이 이해될 수 있다.

① 전체 법질서의 근간을 이루는 것은 바로 '법적 안정성(Rechtssicherheit)'과 '신뢰보호(Vertrauensschutz)'이다. 다시 말해서 '어떠한 경우에라도' 법적 안정성과 신뢰보호가 파괴됨으로써 전체 법질서의 근간이 흔들려서는 아니 된다.

② 강행법규가 전체 법질서에서 가지는 의미는, 입법자가 구체적 사례에서 공적 이익을 추구하고 이를 통해 궁극적으로 전체 법질서의 근간인 법적 안정성과 신뢰보호를 수호하기 위해 강행법규를 마련하는 것으로 이해해야 한다. 따라서 구체적 사례에서는 일반적으로 강행법규가 당사자의 신뢰, 즉 신의칙보다 우선하는 것이 원칙이다.

③ 그럼에도 불구하고 강행법규가 존재한다는 그 자체만으로 모든 사례에서 예외 없이 신의칙이 완전하게 배척되는 것은 아니다. 대법원 전원합의체 판결이 판시하는 것처럼, 강행법규 위반 시에도 신의칙을 인정할만한 특별한 사정이 존재하는 경우에는 신의칙이 강행법규에 우선할 수 있다. 다시 말해서 강행법규라는 이유만으로 신의칙을 배척함으로써 당사자의 신뢰가 심대하게 침해되고, 이를 통해 법적 안정성과 신뢰보호가 심각하게 파괴됨으로서 결과적으로 전체 법질서의 근간이 흔들리는 경우에는 신의칙이 강행법규 위반성을 극복할 수 있는 것이다.

요컨대 현대중공업 사건 (II) 제1심 판결은 위와 같은 본질적 내용에 기초하여, 당해 사건에서 신의칙이 적용될 수 있는지 여부를 최종적으로 판단하는 것으로 이해된다. 이는 바로 예외적인 법률적 판단규준인 제4 요건 「특별히 법적으로 보호할 가치 있는 보다 높은 수준의 신뢰」의 존재 여부가 현대중공업 사건 (II) 제1심 판결의 결정적인 법률적 판단규준임을 보여주는 것이라 하겠다.

다만 여기에서 간과되지 않아야 할 점은, 기아자동차 사건 및 만도 사건의 판결들이 대법원 전원합의체 판결을 잘못 이해하거나 경솔하게 적용한 결과, 결정적인 법률적 판단규준으로 삼았던 '사후적이고 외부적이며 파생적인 우연한 사정 내지 사실관계'인 중대한 경영상 어려움 또는 기업존립의 위태로움이라는 점은, 대상 사건을 판결해야 하는 법관으로 하여금 사용자 측의 침해된 신뢰가 특별히 법적으로 보호할 가치 있는 보다 높은 수준의 신뢰라는 점을 단지 확인시켜주는 역할을 수행할 수 있다는 점이다. 역설적으로 무엇보다 유의해야 할 점은 '추가 법정수당 청구'가 신의칙에 위반되었는지에 대한 법관의 법률적 판단은 사용자 측의 침해된 신뢰가 특별히 법적으로 보호할 가치 있는 보다 높은 수준의 신뢰인지 여부에 결정적으로 근거해야 한다는 것이다.

이하에서는 강행법규 위반 시에 모순행위금지원칙이 적용되기 위한 요건을 고려하여, 현대중공업 사건 (II)의 제1심 판결을 이해해보고자 한다.

2) 강행법규 위반 시에 모순행위금지원칙이 적용되기 위한 요건

기아자동차 사건 및 만도 사건의 판결들과 완전히 다르게, 대법원 전원합의체 판결이 제시하는 3가지 일반 요건과 4가지 특별한 사정을 올바르게 이해하는 경우 '모순행위금지원칙을 적용하기 위한 법률적 판단 규준'은 다음과 같이 확정될 수 있었다.

[모순행위금지원칙을 적용하기 위한 법률적 판단 규준]

- 원칙적인 법률적 판단규준
  - 제1 요건 : 상대방에게 신뢰를 제공하였다거나 객관적으로 보아 상대방이 신뢰를 하는 데 정당한 상태에 있을 것
  - 제2 요건 : 어느 일방이 후행행위를 통해 그의 선행행위에 근거하여 형성되어 있는 상대방의 신뢰에 반해서 권리를 행사할 것
  - 제3 요건 : 그러한 일방 당사자의 '현재'의 권리행사가 당사자 간 특별결합관계 및 신뢰내용(구성요건)의 형성 과정을 고려할 때 정의 관념에 비추어 용인될 수 없는 상태에 이를 것

- '강행법규 위반을 전제로 한' 예외적인 법률적 판단규준
  - 제4 요건 : 「특별히 법적으로 보호할 가치 있는 보다 높은 수준의 신뢰」가 존재할 것
    - 예컨대, 「강행법규 위반」을 전제로 한 추가 법정수당 청구'에 있어서는 노사 양 당사자가 각 상대방에게 또는 일방 당사자가 그 상대방에게 임금교섭과정을 통해서 형성한 「특별히 법적으로 보호할 가치 있는 보다 높은 수준의 신뢰」가 존재할 것

3) 판시 내용의 올바르고 정당한 이해

(가) "(1) 관련 법리"에 관하여

현대중공업 사건 (II) 제1심 판결은 대법원 전원합의체 판결이 제시하는 강행법규 위반 시에 신의칙(모순행위금지원칙)을 적용하기 위한 법률적 판단규준을 정

확하게 이해하고 있는 것으로 보인다. 즉 현대중공업 사건 (II) 제1심 판결은,

첫째, "(1) 관련 법리 ①"에서 신의칙의 적용 가부를 판단함에 있어서 강행법규 위반이 문제되는 경우에, 강행법규가 전체 법질서에서 가지는 의미를 고려하여 일반적으로 강행법규가 신의칙에 우선한다는 원칙을 설시하고 있다.

둘째, 그러나 "(1) 관련 법리 ②"에서는 강행법규 위반에도 불구하고 예외적으로 신의칙이 적용될 수 있음을 설시하고 있다. 즉 노사합의의 내용이 근로기준법의 강행규정을 위반한다고 하여 그 노사합의의 무효 주장에 대하여 예외 없이 신의칙의 적용이 배제되는 것은 아니라는 점을 인정하고, 신의칙을 적용하기 위한 일반적인 요건(원칙적인 법률적 판단규준 : 제1 요건, 제2 요건, 제3 요건)을 갖춤은 물론, 근로기준법의 강행규정성에도 불구하고 신의칙을 우선하여 적용하는 것을 수긍할만한 특별한 사정이 있는 예외적인 경우(예외적인 법률적 판단규준 : 제4 요건), 그 노사합의의 무효를 주장하는 것은 신의칙에 위배되어 허용될 수 없다는 점을 분명히 하고 있다.

셋째, 그리고 "(1) 관련 법리 ③과 ④"에서는 당해 사건에서 강행규정 위반임을 전면에 내세워 신의칙을 완전하게 배척하게 되면, 이는 사용자에게 예측하지 못한 새로운 재정적 부담을 지워 중대한 경영상의 어려움이나 기업존립의 위태로움을 야기하고, 이는 종국적으로 근로자 측에까지 그 피해가 미치게 되어 노사 어느 쪽에도 도움이 되지 않는 「결과」를 가져온다는 점을 확인하고 있다.

즉 이어지는 판시 내용에서 설시하는 바와 같이, 현대중공업 사건 (II) 제1심 판결은 '사후적이고 외부적이며 파생적인 우연한 사정 내지 사실관계'인 중대한 경영상 어려움 또는 기업존립의 위태로움이 근로자의 추가 법정수당 청구로 인해 야기될 수 있다는 점을 '과거, 현재 및 장래의 경영상 지표'를 토대로 인정하고, 사용자 측의 침해된 신뢰가 특별히 법적으로 보호할 가치 있는 보다 높은 수준의 신뢰라는 점을 단지 확인하고 있는 것이다.

다만 여기에서도 무엇보다 유의해야 할 점은 '추가 법정수당 청구'가 신의칙에 위반되었는지에 대한 법률적 판단은 사용자 측의 침해된 신뢰가 특별히 법적으로 보호할 가치 있는 보다 높은 수준의 신뢰인지 여부에 결정적으로 근거했다는 점이다.

요컨대 현대중공업 사건 (Ⅱ) 제1심 판결은 그와 같은 근로자 측의 추가 법정수당 청구는 신의칙에 위배되어 받아들일 수 없다는 결론을 도출하고 있다("(1) 관련 법리 ⑤").

이처럼 현대중공업 사건 (Ⅱ) 제1심 판결이 대법원 전원합의체 판결이 제시하는 이른바 일반 요건과 특별한 사정을 올바르고 정당하게 이해하고 있다는 것은 전체 판시 내용을 살펴볼 때 명백하게 드러난다.

(나) "(2) 판단 ⓐ"에 관하여

지금까지 확정된 바와 같이, 강행법규 위반 시에 신의칙의 적용 가부를 판단하기 위한 결정적인 법률적 판단규준은 결국 제4 요건인 특별히 법적으로 보호할 가치 있는 보다 높은 수준의 신뢰가 존재하는지 여부이어야 한다. 현대중공업 사건 (Ⅱ) 제1심 판결에서 그러한 제4 요건 특별히 법적으로 보호할 가치 있는 보다 높은 수준의 신뢰가 존재한다는 점은 "(2) 판단 ⓐ (i)"에서 인정되고 있다.

"(2) 판단 ⓐ (i)"에서는 '정기상여금이 통상임금에서 배제된다'는 점에 대한 신뢰가 사용자 측 뿐만 아니라 근로자 측에서도 함께 장기간 계속해서 정착되어 있었으며, 이러한 신뢰에 근거하여 임금에 관한 단체교섭 및 단체협약이 지속적이고 반복적으로, 진실하고 성실하게 이루어져 왔음이 인정되고 있다. 즉 '사용자는 오랫동안 이 사건 상여금을 통상임금의 범위에서 제외한 채 연장근로수당 등 각종 수당을 산정하여 왔고, 이러한 계산방법에 관하여 당해 근로자들(원고들)을 비롯한 사용자 소속 근로자들이나 노동조합이 이 사건 소 제기 이전까지는 별다른 이의를 제기한 바 없으며, 노동조합 역시 단체협약에 통상임금을 수당과 기본급이라고 정의하여 이 사건 상여금은 제외되는 것처럼 규정함에 동의하였고, 자신들이 조합원들을 위해 발행한 생활백서에서도 '통상임금'이라는 제목으로 "기본급+근속+지역/복지+직책+직무환경+직무/자격+개인연금"이라고 기재하여 이 사건 상여금이 통상임금에서 제외되는 것을 전제로 하였으며, 노동조합이 피고와 임금협상을 함에 있어서도 월 고정임금과 월할 상여금을 합한 금액과 표준생계비 계산액의 차액을 근거로 삼아 요구하는 등 임금, 수당, 상여금 등을 합한 임금 총액만을 고려하였는바', 이처럼 사용자 측과 노동조합은 이 사건 상여금이 도입된 이래 상여금이 통상임금에서 제외된다는 인식 하에 상여금을 통상임금의 범위에서 제외하기로 합의하고, 이를 전제로 임금협상이나 단체교섭을 해 왔음이 인정되었다.

요컨대 현대중공업 사건 (II)에서 '정기상여금이 통상임금에서 배제된다'는 점에 대한 신뢰는, 첫째, 사용자 측과 근로자 측이 「함께」 장기간 계속해서 정착시켜왔다는 점에서, 둘째, '정기상여금이 통상임금에서 배제된다'는 점에 대한 근로자 측의 신뢰도 사용자 측와 동일하게 확고해 보인다는 점에서, 셋째, 그러한 신뢰에 근거하여 양 당사자가 지속적이고 반복적으로, 진실하고 성실하게 양 측 모두의 이익을 위해 단체교섭과 단체협약이 이루어왔다는 점에서, 넷째, 특히 노동조합이 '정기상여금이 통상임금에서 배제된다'는 신뢰에 근거하여 조합원들을 위한 활동 및 임금협상을 진행했었다는 점에서, 결국 '정기상여금이 통상임금에서 배제된다'는 점에 대한 신뢰는 사용자 측 뿐만 아니라 근로자 측에서도 반드시 특별히 법적으로 보호할 가치 있는 보다 높은 수준의 신뢰라고 인정된다.

한편 "(2) 판단 ⓐ (ii)~(ix)"에서는 정기상여금이 통상임금에 산입됨으로써 나타나게 되는 「경영지표」에 근거하여, '정기상여금이 통상임금에서 배제된다'는 점에 대한 신뢰가 왜 특별히 법적으로 보호할 가치 있는 보다 높은 수준의 신뢰인지가 확인되고 있다.

우선 "(2) 판단 ⓐ (ii)"에서는 현대중공업 사건 (II)에서도 내법위 전원합의체 판결이 인정하는 '우리나라의 통상적인 임금협상과정'이 반영된 결과를 그대로 보여주는 것으로 이해된다. 특히 노사가 자율적으로 임금협상을 할 때에는 기업의 한정된 수익을 기초로 하여 상호 적정하다고 합의한 범위에서 임금 총액이 정해지고, 이를 기준으로 임금협상이 이루어진다는 점은 의미하는 바가 적지 않다.

첫째, 임금협상은 기업의 한정된 수익을 기초로 하여 정해지는 임금 총액을 기준으로 이루어지기 때문에, 정기상여금을 통상임금에 산입하여 임금협상을 진행했더라도, 결국 다른 임금 구성항목들의 조정 등을 통해서 임금 총액은 동일했을 것으로 판단된다. 그러한 사실은 역설적으로 기업의 한정된 수익을 기초로 하여 정해진 임금 총액의 범주에서 정기상여금이 통상임금에 산입되었더라면 발생했었을 이른바 추가 법정수당은 이미 다른 임금 구성항목들을 통해서 보전(補塡)되고 있었음을 뜻하게 된다. 따라서 추가 법정수당을 별로도 다시 인정하게 되면, 이는 당연히 사용자에게 예상치 못한 부담을 안겨주게 되는 것이다.

둘째, 특히 추가 법정수당이 종래 임금협상과정에서 합산되어 임금 총액이 정해졌다면, 이는 기업의 당해 연도 수익을 감소시키는 결과를 낳았을 것이고, 그러한 감소는 필연적으로 다음 년도의 「임금 인상 폭」을 비례해서 감소시켰을 것이다. 이 점은 "(2) 판단 ⓐ (iii) 및 (iv)"에서 명백한 수치로 증명되고 있다. 말하자면 이 사건 기간상여 및 연간상여는 기본급에 근속수당 등을 합산한 금액의 연 700%에 해당하는 금액인바, 통상임금의 구성항목들과 각 액수 및 위 상여금 산정방식과 액수에 따라 위 상여금을 통상임금에 산입할 경우, 그 통상임금의 액수는 노사합의로 정한 통상임금의 액수를 훨씬 초과하게 됨은 명백하고, 그렇다면 각 해당 연도의 기업의 수익은 필연적으로 감소했을 것이기 때문에, 감소된 기업의 수익에 기초하여 정해졌을 임금 인상 폭은 반드시 비례해서 변경 내지 감소되었어야 하는 것이다.

이러한 사실은 '정기상여금이 통상임금에서 배제된다'는 사용자 측의 신뢰를 침해할 뿐만 아니라, 근로자의 신뢰 또한 심각하게 침해하는 결과를 초래하게 된다. 즉 정기상여금을 통상임금에서 배제하는 노사합의의 강행법규 위반에 대한 근로자의 주장이 인정되어야 한다면, 이는 결국 근로자가 스스로 사용자와의 합의를 통해 정당하게 형성한, 단체협약으로부터 주어지는 확정적이고 기대 가능한 임금에 대한 「자기신뢰」를 모순행위에 의해서 스스로 파괴해 버리는 결과가 되고 마는 것이다. 만약 법질서가 단지 강행법규 위반이라는 이유만으로 근로자의 추가 법정수당 청구권을 인정한다면, 이는 근로자가 자기신뢰를 파괴하면서까지, 그리고 그것을 통해 상대방에게 불측의 경영상 위험을 야기하면서까지, 나아가 양 당사자가 정당하게 형성하고 유지해온 그들 사이의 규범성까지 배척하면서, 근로자 스스로도 애초에 전혀 예상하지 못했던 초과이익을 법질서가 단지 강행법규 위반이라는 이유만으로 보장해 주게 되는 결과가 되는 것이다. 더욱이 이 경우에 그러한 초과이익에는, 기존에 임금 인상 폭을 결정지었던 핵심적인 근거인 '기업의 한정된 수익'이 불가피하게 변경되어야 한다는 사실이 반영되지도 않는다. 요컨대 추가 법정수당을 인정함으로써 야기되는 경영지표상의 필요적인 변경들은 '정기상여금이 통상임금에서 배제된다'는 점에 대한 신뢰가 왜 특별히 법적으로 보호할 가치 있는 보다 높은 수준의 신뢰인지를 확인시켜주고 있다.

나아가 "(2) 판단 ⓐ (v)~(ix)"에서는 2010년부터 2015년까지의 경영상 지표 변화를 분석하고, 이에 근거하여 향후의 경영상황을 전망하고 있다. 그 결과 추가 법정수당을 인정하는 경우에는 재무적인 위기가 더욱 심화되고, 부채비율은 증가할 것으로 예측되고 있다. 또한 기업의 신용등급 하락, 재무건전성 악화, 수입 개선에 대한 기대불가능성 등은 기업의 경영상황을 더욱 악화시킬 것으로 전망되고 있다.

여기에서 "(2) 판단 ⓐ (ii)~(ix)"와 관련하여 반드시 염두에 두고 유의해야 하는 것은, 현대중공업 사건 (II) 제1심 판결이 추가 법정수당 청구로 인해 나타나게 되는 경영상 지표, 그에 따른 경영상황의 변화 양상, 기업의 현재 경제상황 등을 종합적으로 고려하여 중대한 경영상의 어려움 또는 기업존립의 위태로움을 인정하고 있으면서도, 그러한 경영상 지표를 결정적인 법률적 판단규준으로 삼고 있지 않다는 점이다. 다만 그러한 중대한 경영상의 어려움 또는 기업존립의 위태로움을 경제학적으로 수치화 한 지표를 통해서 명료(明瞭)함으로써, 사용자 측과 근로자 측이 함께 가졌던 '정기상여금이 통상임금에서 배제된다'는 점에 대한 신뢰가 특별히 법적으로 보호할 가치 있는 보다 높은 수준의 신뢰임을 확인하고 있는 것이다.

(다) "(2) 판단 ⓑ"에 관하여

따라서 현대중공업 사건 (Ⅱ) 제1심 판결은, 기아자동차 사건 제1심 판결과 완전히 다르게, 강행법규 위반 시에 신의칙의 적용 가부를 전체 법질서, 신의성실의 원칙 및 강행법규의 의미와 상호관계를 고려하여, 특히 모순행위금지원칙의 본질에 근거하여 올바르고 정당하게 판단하고 있다. 현대중공업 사건 (Ⅱ) 제1심 판결은,

첫째, 대법원 전원합의체 판결이 선고된 이후라도 통상임금에 해당하는 상여금을 고려한 실질적인 임금체계 개편이 이루어지지 않는 이상 종전의 단체협약 내지 취업규칙의 효력이 계속 유지된다고 보는 것이 노사 간의 이해관계 및 형평에 적합하다고 한다. 이러한 판단은 다음과 같이 해석된다. 즉 대법원 전원합의체 판결 이후에는 원칙적으로 정기상여금의 통상임금성이 인정된다고는 하나, 노사 양 당사자가 함께 새로운 단체협약을 통해서 이 점에 대한 실질적인 인식과 합의를 이루어내지 않았다면, 정기상여금의 통상임금성에도 불구하고 기존의 단체협약 내지 취업규칙의 효력이 여전히 노사 양 당사자에 대하여 유효하다는 것이다. 이러한 판단은 결국 대법원 전원합의체 판결에도 불구하고, 판결 이전부터 '정기상여금이 통상임금에서 배제된다'는 점에 대한 신뢰를 사용자 측과 근로자 측이 「함께」 장기간 계속해서 정착시켜 왔고, 특히 그러한 신뢰에 근거하여 노사 양 당사자가 지속적이고 반복적으로, 진실하고 성실하게 양 측 모두의 이익을 위해 단체협약을 이루어왔다는 점에서 '정기상여금이 통상임금에서 배제된다'는 점에 대한 신뢰는, '새로운 단체협약이 체결되지 않는 이상' 사용자 측 뿐만 아니라 근로자 측에서도 반드시 특별히 법적으로 보호할 가치 있는 보다 높은 수준의 신뢰라는 점을 인정하는 것으로 이해된다("(2) 판단 ⓑ (ii) ①").

둘째, 위와 같은 해석은 이어지는 판시 내용을 고려할 때 더욱 명확해진다("(2) 판단 ⓑ (ii) ②~⑤"). 즉 현대중공업 사건 (Ⅱ) 제1심 판결은,

우선, 사용자와 노동조합으로서는 이 사건 상여금(명절상여 포함)이 통상임금

에 해당하는지를 이 사건 판결이 확정될 때까지 알 수 없으므로, 이에 관한 기준이 마련되지 않은 상태에서는 통상임금 재산정을 위한 단체협약을 체결하기도 어렵다고 판단하고 있다. 이러한 판단은 다음과 같이 해석된다. 즉 노사는 기업의 한정된 수익에 기초하여 치열한 임금협상과정을 거쳐 상호 적정하다고 합의가 이루어진 범위 안에서 임금을 정하고, 이때 임금 총액을 기준으로 임금 인상폭을 결정하게 된다. 그러한 임금협상과정과 이를 통해 성립된 단체협약이 장기간 계속해서 정착되었기 때문에 그러한 단체협약에 대한 신뢰는 특별히 법적으로 보호할 가치 있는 보다 높은 수준의 신뢰라고 인정될 수 있는 것이다. 그러나 막상 임금협상과정의 실질적인 기초가 되어야 하는 '정기상여금의 통상임금성 여부'가 여전히 미결인 채로 남아 있게 된다면, 결국은 실효성을 가지는 단체협약이 체결될 수 없게 되고, 설사 '정기상여금의 통상임금성 여부'가 미결인 채로 단체협약이 체결되었다 하더라도, 이에 대한 노사 양 당사자의 신뢰는 그 정당성을 담보할 수 없게 될 것이다. 따라서 노사 양 당사자가 함께 '정기상여금의 통상임금성'에 대한 실질적인 인식과 합의를 이루어내고, 새로운 단체협약을 통해서 이를 현실화하지 않는 이상, 그러한 점들이 이미 전제되어 있는 기존의 단체협약 내지 취업규칙의 효력을 여전히 노사 양 당사자에 대하여 유효한 것으로 판단하는 것이 노사 간의 이해관계 및 형평에 적합하다는 것이다. 요컨대 종래 단체협약의 기초가 되었던 '정기상여금이 통상임금에서 배제된다'는 점에 대한 노사 양 당사자의 신뢰는, '새로운 단체협약이 체결되지 않는 이상' 특별히 법적으로 보호할 가치 있는 보다 높은 수준의 신뢰라고 인정하고 있는 것이다.[67)]

결론적으로 현대중공업 사건 (II) 제1심 판결은, '중대한 경영상의 어려움 또는 기업 존립의 위태로움'라는 '사후적이고 외부적이며 파생적인 우연한 사정 내지 사실관계'를 배척하고, 전체 법질서, 신의성실의 원칙 및 강행법규의 의미와 상호관계를 고려하여, 특히 모순된 후행행위를 통해서 상대방이 가지는 선행행

67) 더욱이 현대중공업 사건 (II) 제1심 판결은 사용자의 근로자들에 대한 실질적인 임금체계의 개편이 이루어지지 않은 상태에서 사용자가 근로자들에게 이 사건 상여금의 통상임금 산입에 따른 추가임금을 지급하여야 한다면, 사용자로서는 지급능력 범위 내에서 임금을 협상하도록 하는 기회를 상실하게 되어 부당하다는 점을 지적하고 있다.

위에 대한 신뢰를 침해해서는 안 된다는 모순행위금지원칙의 본질에 근거하여 올바르고 정당한 판결을 내리고 있다고 이해된다. 요컨대 현대중공업 사건 (II)에서는 예외적인 법률적 판단규준인 제4 요건 「특별히 법적으로 보호할 가치 있는 보다 높은 수준의 신뢰」의 존재가 인정되고 있다.

V 주목할 만한 대법원 판례

대법원 판결 가운데 강행법규 위반을 전제로 하는 신의칙 및 모순행위금지원칙의 적용 사례가 있다. 대법원 2003.7.11. 선고 2003다14935 판결은 강행규정인 노조법 상 대의원 선거 규정[68] 위반에 대하여 노사 간에 형성된 신뢰 자체에만 주목하여 신의칙 법리를 적용하고 있다.

판결의 내용을 살펴보면 다음과 같다 : 「① 피고 공사로서는 노동조합대표를 선출할 권한을 가진 대의원회에서 대표자로 선출된 장○수, 최○일을 노동조합의 정당한 대표자로 신뢰할 수밖에 없었던 점, ② 간선제로 선출된 대의원들에 의하여 선출된 대표자는 노동조합을 대표하여 단체협약을 체결할 권리가 없다는 법리가 최근 위의 대법원판례로 인정되기 전까지는 그와 같이 선출된 노동조합의 대표자들이 모두 노동조합을 대표하여 사용자측과 단체협약을 체결하는 등 사실상 대표자로서의 권한을 제한 없이 행사하여 온 점, ③ 그 법리를 형식적으로 관철할 경우 노동조합대표자가 간선제로 선출되어 활동한 기간 동안 피고공사와 노동조합사이에 체결된 단체협약들은 모두 그 효력이 없게 되어 그동안 형성되어온 노사 간의 집단적 근로관계를 근본적으로 부정하는 결과를 초래하고, ④ 이는 사용자나 근로자모두에게 바람직하지 아니한 점 등을 고려하여, ⑤ 위의 각 단체협약체결이후 장기간이 경과한 시점에서 원고들이 노동조합 대표자 선출과정의 하자나 조합원에 대한 설명 및 안내 결여 등을 이유로 위의 보수규정 및

68) 노조법 제17조 제2항 : 대의원은 조합원의 직접 · 비밀 · 무기명투표에 의하여 선거되어야 한다. 이 규정은 조합민주주의 실현을 위한 강행규정이다(대법원 2000.1.4. 선고 94다4139 판결).

보수규정시행세칙 중의 일부 조항에 한하여 효력을 다투는 것은 신의칙에 반한다」고 판단하였다.

즉, 동 대법원 판결은 강행규정의 위반에도 불구하고, 신뢰의 상대방인 사용자가 갖게 된 신뢰 내용(위 ①), 그러한 신뢰를 갖게 한 노동조합의 선행행위(위 ②), 무효 주장으로 인해 야기되는 법적 안정성과 신뢰보호에 대한 침해의 심각성 및 부당성(위 ③ 및 ④), 시간 경과에 따른 당사자 간 신뢰관계의 성숙도(위 ⑤)에 주목하여, 그러한 기준에 근거해서 신의칙의 위반 여부를 판단하였던 것이다. 요컨대 동 대법원 판결은 강행법규 위반 시에 신의칙의 적용 가부를 신의칙의 본질적 관점에서 판단하고 있다는 점에서 의미하는 바가 적지 않다.[69]

무엇보다 동 대법원 판결이 강행법규 위반의 주장으로 인해 우연히 야기될지도 모를 가정적이고 추정적인 상태가 아니라, 종래 양 당사자가 스스로 장기간 계속해서 정착시켜 왔던 신뢰관계에 근거하여 신의칙 위반 여부를 판단하고 있다는 점은, 대법원 전원합의체 판결 및 현대중공업 사건 (II) 제1심 판결의 판결 취지와 그 궤를 같이 하는 것으로 이해된다. 이러한 측면에서 적어도 강행법규라는 이유만으로 특별한 결합관계에서 양 당사자가 지속적이고 반복적으로, 진실

---

69) 특히 이 사건에서 대법원이 결론에 도달함에 있어 판시하고 있는 「③ 간선제로 선출된 대의원들에 의하여 선출된 대표자는 노동조합을 대표하여 단체협약을 체결할 권리가 없다는(강행규정위반의 : 저자 주) 법리를 형식적으로 관철할 경우 (중략) 그동안 형성되어온 노사 간의 집단적 근로관계를 근본적으로 부정하는 결과를 초래하고, ④ 이는 사용자나 근로자모두에게 바람직하지 아니한 점 등을 고려하여, ⑤ 위의 각 단체협약체결이후 장기간이 경과한 시점에서 원고들이 노동조합 대표자 선출과정의 하자나 조합원에 대한 설명 및 안내 결여 등을 이유로 위의 보수규정 및 보수규정시행세칙 중의 일부 조항에 한하여 효력을 다투는 것은 신의칙에 반한다」는 취지는, 역시 대법원 전원합의체판결에서도 마찬가지로 사용된다. 즉 "노사 양측이 합의 당시 상호 공통적으로 이해하고 있었던 것과는 전혀 다른 법리적 사유(근로기준법의 강행규정에 위배되어 무효라는 이유 : 저자 주)를 들어 사용자에게 정기상여금이 포함된 통상임금을 토대로 한 추가적인 법정수당 지급의무를 부과한다면, 이는 종국적으로 근로자 측에까지 그 피해가 미치게 되어 노사 어느 쪽에도 도움이 되지 않는 결과를 가져오므로 정의와 형평 관념에 비추어 신의에 현저히 반하고 도저히 용인될 수 없음이 분명하다. 그러므로 이와 같은 경우 근로자 측의 추가 법정수당 청구는 신의칙에 위배되어 받아들일 수 없다."는 취지로 판시하여 강행규정위반에도 신의칙(모순행위금지원칙)이 적용될 수 있는 것에 대한 내용을 설시하고 있는 것이다. 즉 이 파견과 통상임금에 관한 대법원 전원합의체판결은 판결의 취지의 흐름을 같이 하고 있다고 평가할 수 있다(밑줄은 저자에 의한 것임).

하고 성실하게 형성하고 구축했던 신뢰를 예외 없이 무조건 배척해야 한다는 주장은 더 이상 설득력을 가지기 어려워 보인다.

VI 소 결

지금까지 대법원 전원합의체 판결이 제시하는 '강행법규 위반 시에 신의칙이 적용되기 위한 3가지 일반 요건과 4가지 특별한 사정'에 대한 올바른 이해를 전제로, 관련 하급심 판결들을 비판적으로 검토해 보았다. 요컨대 강행법규 위반 시에 신의칙, 즉 모순행위금지원칙이 적용되기 위해서는 원칙적인 법률적 판단규준 제1 요건, 제2 요건, 제3 요건과 예외적인 법률적 판단규준인 제4 요건「특별히 법적으로 보호할 가치 있는 보다 높은 수준의 신뢰」가 요구되었다. 말하자면 3가지 일반 요건과 4가지 특별한 사정은 원칙적인 법률적 판단규준인「제1 요건」,「제2 요건」,「제3 요건」및 예외적인 법률적 판단기준인「제4 요건」으로 올바르게 이해되어야 한다.

하급심 판결들을 분석함에 있어서는 특히 대법원 전원합의체 판결이 제시하는 요건 가운데 특별한 사정인 중대한 경영상의 어려움이나 기업존립의 위태로움을 어떻게 이해할 것인지 문제된다. 주지하듯이 대체적인 하급심 판결들은 중대한 경영상의 어려움 또는 기업존립의 위태로움을 잘못 이해하거나 경솔하게 적용함으로써, 사실의 파악과 법리적 판단을 혼동하고 있다. 특히 기아자동차 사건 제1심 판결은 추가 법정수당 청구에 따라 나타나는 경영상 지표, 과거・현재・장래의 경영상황에 대한 예측과 전망, 기업 및 산업 전반적인 경제적 상황 등에 기초해서, 중대한 경영상 어려움이나 기업존립의 위태로움을 결정적인 법률적 판단규준으로 하여 신의칙의 적용 가부를 판단하고 있다. 이는 현대중공업 사건 (I), 만도 사건, 한국지엠 사건, 현대제철 사건도 마찬가지다. 그러나 기아자동차 사건 제1심 판결은, '사후적이고 외부적이며 파생적인 우연한 사정 내지 사실관계'가 결정적인 법률적 판단규준이 되는 경우에는 필연적으로 비법률적인 판단과 결론이 도출될 수밖에 없음을 단적으로 보여준다고 하겠다.

특히 만도사건의 제1심과 제2심 또한 본질적으로 법률적 판단규준이 될 수 없는 경영지표와 그로 인해 야기될지도 모를 '사후적이고 외부적이며 파생적인 우연한 사정 내지 사실관계', 즉 「가정적 · 추정적 결론」에 근거하여 신의칙의 적용 가부를 판단하고 있다. 앞서 강조되었듯이, 이러한 판단 기준은 법률적 판단규준과 무관한 우연성(Zufälligkeit)이 그 본질을 이루고 있기 때문에, 이러한 우연성(Zufälligkeit)이 법적 정당성의 판단에 개입하게 되는 경우에는 오히려 동일한 권리행사임에도 불구하고 결과적으로 야기되는 중대한 경영상의 어려움 내지 기업 존립의 위태로움과 이를 바라보는 법관의 자의적 시각에 의해서 당해 권리의 인정 여부가 상충하게 되는 부당한 결론을 낳게 된다. 요컨대 만도 사건에서 신의칙의 적용을 긍정한 제1심뿐만 아니라, 신의칙의 적용을 부정한 제2심도 더 이상 그 정당성을 담보할 수 없게 되었다.

그에 반해 중대한 경영상의 어려움이나 기업존립의 위태로움이 의미하는 바를 올바르고 정당하게 이해한 후, '강행법규 위반 시에 신의칙의 적용 가부'를 전체 법질서, 신의칙 및 강행법규의 의미와 상호 관련성을 고려하여, 모순행위금지원칙의 본질에 따라서 판단하는 현대중공업 사건 (II) 제1심 판결도 존재한다. 무엇보다 현대중공업 사건 (II) 제1심 판결은, 첫째, 신의칙의 적용 가부를 오롯이 신의칙의 본질에 근거하여 판단하고 있으며, 둘째, 수치화된 경영상 지표를 기준으로 전망하거나 예측하게 되는 중대한 경영상의 어려움 내지 기업존립의 위태로움을 통해 침해된 신뢰가 특별히 법적으로 보호할 가치 있는 보다 높은 수준의 신뢰임을 단지 확인만 하고 있다는 점에서 매우 중요한 판결이다.

요컨대 현대중공업 사건 (II) 제1심 판결과 같이, 다른 하급심 판결들도 대법원 전원합의체 판결이 제시하는 요건들을 올바르고 정당하게 이해하고 적용해야 한다. 다시 말해서 '사후적이고 외부적이며 파생적인 우연한 사정 내지 사실관계'를 법률적 판단규준과 명백하게 구분하여, '명시적이고 확정적이며 통일적인' 법률적 판단규준인 '특별히 법적으로 보호할 가치 있는 보다 높은 수준의 신뢰'가 존재하는지 여부에 따라서 판단을 해야 하는 것이다.

제5장 결 론

이 책은 대법원 전원합의체 판결이 제시하는 '강행법규 위반 시에 신의칙이 적용되기 위한 3가지 일반 요건과 4가지 특별한 사정'을 올바르고 정당하게 이해하고, 이에 따라 명시적이고 확정적이며 통일적인 법률적 판단규준을 정립함으로써, 궁극적으로 통상임금 소송에서 하급심들의 혼란을 제거하는 데 그 목적이 있다.

(1) 대법원 전원합의체 판결에 따르면, 통상임금 소송에 있어서 신의칙 적용 가부를 판단하는 경우에, 이 문제의 중심에는 ① 원칙적인 '신의칙에 대한 강행법규의 우위성'과 ② 그 예외로서 '강행법규를 배척시키는 특별한 사정의 인정 여부'가 자리하고 있다. 따라서 우선적으로 강행법규 위반과 신의칙 적용 가부에 대한 대법원 전원합의체 판결의 견해를 신의칙의 본질적 관점에서 올바르게 이해할 필요가 있다. 대법원 전원합의체 판결이 제시하는 원칙적인 일반 요건 3가지와 예외적인 특별한 사정 4가지는 다음과 같다.

[일반 요건 3가지]

① 상대방에게 신뢰를 제공하였다거나 객관적으로 보아 상대방이 신뢰를 하는 데 정당한 상태에 있을 것
② 상대방의 신뢰에 반하여 권리를 행사할 것
③ 상대방의 신뢰에 반하는 권리행사가 정의 관념에 비추어 용인될 수 없는 상태에 이를 것

[특별한 사정 4가지]

① 임금협상 과정을 거쳐 이루어진 노사합의에서 정기상여금은 그 자체로 통상임금에 해당하지 아니한다고 오인한 나머지 정기상여금을 통상임금 산정 기준에서

제외하기로 합의하고 이를 전제로 임금수준을 정했을 것

② 근로자 측이 '이미 일반화되어 관행으로 정착된 것으로 보이는' 임금협상의 방법과 경위, 실질적인 목표와 결과 등은 도외시한 채 임금협상 당시 전혀 생각하지 못한 사유를 들어 정기상여금을 통상임금에 가산하고 이를 토대로 추가적인 법정수당의 지급을 구할 것

③ 근로자 측이 노사가 '종래' 합의한 임금수준을 훨씬 초과하는 예상외의 이익을 추구할 것

④ 종래의 임금수준을 훨씬 초과하는 예상외의 이익추구로 말미암아 사용자 측에 예측하지 못한 새로운 재정적 부담을 지워 중대한 경영상의 어려움을 초래하거나 기업의 존립을 위태롭게 할 것

(2) 대법원 전원합의체 판결이 강행법규 위반에 대한 신의칙의 적용요건을 제시하고 있음에도 불구하고, 대체적인 문헌에서는 여전히 강행법규 위반에 대한 신의칙의 적용이 전면적으로 부정되고 있다. 그러나 신의칙에 대한 강행법규의 '절대적 우위성'이 모든 사례에서 완전하게 관철되어야 하는 것이 결코 아니다.

우리의 대체적인 문헌과 반대로, 독일은 강행법규 위반에 대한 신의칙의 적용 가부를 판단함에 있어서, 단지 개별 사안에서 문제되는 당해 법규가 강행성을 가진다는 이유만으로 신의칙의 적용을 절대적으로 배척시키지 않고 있다. 예컨대 '일정한 개별사례'에서 강행법규에 반하는 선행행위와 모순된 후행행위가 주장되는 경우, 모순된 후행행위를 긍정함으로 인해 전체 법질서의 근간을 이루는 법적 안정성과 신뢰보호가 파괴되는 때에는 전체 법질서를 유지하고 수호하기 위해서 선행행위에 대한 당사자의 신뢰를 더욱 보호하고 있다.

따라서 신의칙의 본질에 근거하여 강행법규와의 적용상 우위성을 전체 법질서의 법적 안정성과 신뢰보호의 측면에서 판단하고 있는 독일의 이론과 판례를 고려하여, 이에 기초해서 대법원이 제시하는 강행법규 위반에 대한 신의칙의 적용요건을 타당하고 합리적으로 해석하고 이해하는 경우에, 대법원 전원합의체 판결이 제시하는 '강행법규 위반 시에 신의칙이 적용되기 위한 3가지 일반 요건

과 4가지 특별한 사정'은 다음과 같이 명시적이고 확정적이며 통일적인 법률적 판단규준으로서 정립될 수 있다.

[강행법규 위반 시에 모순행위금지원칙이 적용되기 위한 요건]

- 원칙적인 법률적 판단규준
  - 제1 요건 : 상대방에게 신뢰를 제공하였다거나 객관적으로 보아 상대방이 신뢰를 하는 데 정당한 상태에 있을 것
  - 제2 요건 : 어느 일방이 후행행위를 통해 그의 선행행위에 근거하여 형성되어 있는 상대방의 신뢰에 반해서 권리를 행사할 것
  - 제3 요건 : 그러한 일방 당사자의 '현재'의 권리행사가 당사자 간 특별결합관계 및 신뢰내용(구성요건)의 형성 과정을 고려할 때 정의 관념에 비추어 용인될 수 없는 상태에 이를 것

- '강행법규 위반을 전제로 한' 예외적인 법률적 판단규준
  - 제4 요건 : 「특별히 법적으로 보호할 가치 있는 보다 높은 수준의 신뢰」가 존재할 것
    - 예컨대, 「강행법규 위반」을 전제로 한 추가 법정수당 청구'에 있어서는 노사 양 당사자가 각 상대방에게 또는 일방 당사자가 그 상대방에게 임금교섭과정을 통해서 형성한 「특별히 법적으로 보호할 가치 있는 보다 높은 수준의 신뢰」가 존재할 것

(3) 앞서 수행된 '대법원 전원합의체 판결에 대한 신중하고 세밀하며 분석적인 이해' 및 '비교법적 관점에서의 신의칙에 대한 올바른 이해'에 근거하여 결과적으로 「통상임금 소송에서 신의칙 적용기준」이 확정되었다. 그러한 기준에 따라서 신의칙 관련 주요 하급심 판결들을 이른바 '경영상 지표'와 '신의칙 본질론'에 따라서 유형적으로 분류하고 이를 분석하면 다음과 같은 결론이 도출될 수 있다.

첫째, 오늘날 '강행법규 위반에 있어서 신의칙 적용 가부'에 대한 대부분의 하급심들은 일반적으로 「경영상 어려움 및 기업 존립의 위태로움」이라는 경영상 지표를 결정적인 법률적 판단규준으로 삼아 판결을 내리고 있다. 그러한 하급심

판결에는 예컨대 '현대중공업 사건 (I)', '만도 사건', '한국지엠 사건', 그리고 '기아자동차 사건' 및 '현대제철사건' 등이 있다.

둘째, 다른 한편 「신의칙의 본질」을 결정적인 법률적 판단규준으로 하여 신의칙 적용 가부를 판단하는 하급심 판결이 있다. 다만 이 하급심은 사용자 측의 경영상 어려움 및 기업 존립의 위태로움 등을 단지 침해된 신뢰가 특별히 법적으로 보호할 가치 있는 보다 높은 수준의 신뢰라는 점을 확인하는 차원에서, 즉 「사실상의 기능적 관점」에서 고려하고 있다. 바로 '현대중공업 사건 (II)' 판결이 그러하다.

요컨대 대상 하급심 판결들의 유형적 분류와 분석에 기초하여, 대법원 전원합의체 판결 이후에도 여전히 하급심 판결들이 통일적인 판단기준에 의하지 않음을 확인할 수 있다. 더욱이 '경영상 지표'를 그 판단기준으로 삼는 경우에는 동일한 사실관계에 대하여 제1심과 항소심이 상충되는 판결을 내리고 있음이 확인된다.

결론적으로 강행법규 위반에 있어서 신의칙의 적용 가부를 판단하기 위한 법률적 판단규준은 대법원 전원합의체 판결의 올바르고 정당한 이해를 전제로 정립된 원칙적인 법률적 판단규준인 「제1 요건」, 「제2 요건」, 「제3 요건」과 예외적인 법률적 판단규준인 「제4 요건」이 되어야 한다. 무엇보다 대법원 전원합의체 판결이 제시하는 특별한 사정인 '중대한 경영상 어려움 또는 기업존립의 위태로움'은 결코 신의칙의 적용 가부를 판단하기 위한 결정적인 법률적 판단규준이 되어서는 안 되며, 다만 모순된 후행행위로 인해 침해되는 상대방의 신뢰가 특별히 법적으로 보호할 가치 있는 보다 높은 수준의 신뢰라는 점을 확인시켜주는 사실상의 기능적 역할을 수행할 수 있음을 분명히 해야 한다. 이와 같이 대법원 전원합의체 판결이 제시하는 3가지 일반 요건과 4가지 특별한 사정을 이해하고 정립하는 경우에야 비로소 통상임금 소송에 대한 하급심들의 혼란이 제거될 수 있다

부 록 통상임금 소송 관련 최신 대법원 판결례와 검토

I 다스 사건 판결

◦ 대법원 2018.12.27. 선고 2016다10131 판결

1. 판결요지

1) 대법원 판결(대법원 2018.12.27. 선고 2016다10131 판결)

원심은 그 판시와 같은 이유로, 원고들의 이 사건 청구가 신의칙에 위반된다는 피고의 주장을 배척하였다.

관련 법리에 따라 기록을 살펴보면, 원심의 위와 같은 판단에 필요한 심리를 다하지 아니한 채 논리와 경험의 법칙을 위반하여 자유심증주의의 한계를 벗어나거나, 신의칙에 관한 법리를 오해한 잘못이 없다.

2) 원심 판결(대전고법 2016.1.14. 선고 2015나500 판결)

(1) 신의성실의 원칙은, 법률관계의 당사자는 상대방의 이익을 배려하여 형평에 어긋나거나 신뢰를 저버리는 내용 또는 방법으로 권리를 행사하거나 의무를 이행하여서는 아니 된다는 추상적 규범을 말하는 것으로서, 신의칙에 위배된다는 이유로 그 권리행사를 부정하기 위해서는 상대방에게 신의를 공여하였거나 객관적으로 보아 상대방이 신의를 가지는 것이 정당한 상태에 이르러야 하고 이와 같은 상대방의 신의에 반하여 권리를 행사하는 것이 정의 관념에 비추어 용인될 수 없는 정도의 상태에 이르러야 한다(대법원 1991.12.10. 선고 91다3802 판결, 대법원 2006.5.26. 선고 2003다18401 판결 등 참조).

단체협약 등 노사합의의 내용이 근로기준법의 강행규정을 위반하여 무효인

경우에, 그 무효를 주장하는 것이 신의칙에 위배되는 권리의 행사라는 이유로 이를 배척한다면 강행규정으로 정한 입법 취지를 몰각시키는 결과가 될 것이므로, 그러한 주장이 신의칙에 위배된다고 볼 수 없음이 원칙이다. 그러나 노사합의의 내용이 근로기준법의 강행규정을 위반한다고 하여 그 노사합의의 무효 주장에 대하여 예외 없이 신의칙의 적용이 배제되는 것은 아니다(대법원 2001.5.29. 선고 2001다15422, 15439 판결 참조). 위에서 본 신의칙을 적용하기 위한 일반적인 요건을 갖춤은 물론 근로기준법의 강행규정성에도 불구하고 신의칙을 우선하여 적용하는 것을 수긍할 만한 특별한 사정이 있는 예외적인 경우에 한하여 그 노사합의의 무효를 주장하는 것은 신의칙에 위배되어 허용될 수 없다(대법원 2013.12.18. 선고 2012다89399 전원합의체 판결 참조).

(2) 이러한 법리를 바탕으로 이 사건을 본다.

가) 앞서 든 증거에 갑 제1호증의 1 내지 10, 을 제6호증, 을 제11호증의 1 내지 3, 을 제12호증의 1, 2, 을 제15, 17호증의 각 1, 2, 을 제16호증, 을 제25호증의 3 내지 7, 을 제32호증의 1, 2, 을 제33, 35호증의 각 기재, 을 제41호증의 일부 기재 및 변론 전체의 취지를 종합하여 보면 다음 사실을 인정할 수 있다.

① 피고의 노사는 2003년경부터 단체협약을 체결하면서, 이 사건 정기상여금이 근로기준법이 정한 통상임금에 해당하지 않는다는 전제에서 위 정기상여금을 통상임금의 산입에서 제외하도록 정하였고, 이 사건 청구기간에 관한 2010년 단체협약과 2012년 단체협약도 같은 내용으로 정하였다.

② 이 사건 노동조합은 2012.12.28. 노사협의회 실무회의에서 이 사건 정기상여금을 통상임금 범위에 포함해달라는 안건을 제안하였다. 이에 대하여 피고 측은 “통상임금은 단체협약에 정의되어 있고 노동부의 행정 지침 등에 의거, 통상임금 범위에 위법성이 없다. 다만, 최근 판례에서 인정하는 경우가 발생하지만 회사는 통상임금 확대를 검토할 수 없다.”고 답하였다. 이후 피고와 이 사건 노동조합은 2013.1.4.부터 2013.2.28.까지 노사협의회 실무회의와 본회의를 진행하면서 이 사건 정기상여금의 통상임금 포함 여부에 관하여 논의하였지만, 위와 같은 노사 간의 주장 및 의견은 유지되었다.

③ 피고는 2011년과 2012년 이 사건 노동조합과 임금협상을 하면서 평균기

본시급과 평균통상시급의 인상률과 단체협약상의 통상임금을 전제로 한 법정수당의 규모, 당해 협상에 따른 임금인상에 따라 피고가 부담하여야 할 추가임금부담액 총액 등을 산출·분석하였고, 2012년 임금 및 단체협약 실무교섭을 하면서 피고의 손익보고와 최근 5년간 인건비 비율 현황 등의 자료를 이 사건 노동조합 측에 설명한 바 있다.

④ 이 사건 노조는 2010년과 2011년 피고에 대하여 임금인상을 요구하면서 기본급 인상요구액, 통상임금 인상요구액, 임금총액 인상요구액, 통상임금 인상요구액 등을 제시한 바 있다.

⑤ 피고와 이 사건 노동조합은 2013.7.9. 이 사건 소송의 결과를 조합원들에게도 동일하게 적용하기로 합의하였다. 이 사건 청구기간 중 피고에 재직하였던 이 사건 노동조합원의 조합원은 약 1052명이다.

⑥ 피고의 연평균 임금인상률은 2009년경부터 2013년경까지 매년 5~10% 수준이었다.

⑦ 피고는 2009년도 약 208억 1,200만 원, 2010년도 약 154억 7,000만 원, 2011년도 약 332억 2,900만 원, 2012년도 약 303억 8,800만 원, 2013년도 약 502억 9,400만 원, 2014년도 약 61억 600만 원의 당기순이익을 각각 올렸다. 그 중 2014년도 당기순이익은, 피고가 제1심판결에 따라 이 사건 노동조합 조합원 전원에게 추가로 계산·지급하여야 할 이 사건 법정수당 등을 영업외비용(잡손실) 약 177억 300만 원으로 반영하여 나온 수치이다.

나) 위 가)항 및 1.항에서 살핀 사실관계에 나타난, 피고와 이 사건 노동조합이 이 사건 청구기간 중의 임금 또는 단체협약을 체결하기 위한 교섭 과정에서 준비·설명·요구한 내용에다가 우리나라 대부분의 기업에서 정기상여금은 그 자체로 통상임금에 해당하지 아니한다는 전제 아래에서 임금협상 시 노사가 정기상여금을 통상임금에서 제외하기로 합의하는 실무가 장기간 계속되어 왔고 이러한 노사합의가 일반화되어 이미 관행으로 정착된 것으로 보이는 사정을 아울러 보면, 피고와 이 사건 조동조합이 이 사건 청구기간에 관한 단체협약에서 통상임금에 산입될 임금의 범위를 정하면서 이 사건 정기상여금이 근로기준법 소정의 통상임금에 해당하지 않는다는 전제 아래에서 이 사건 정기상여금을 통상임금 산입에서 제외한 것이고, 임금협상을 하면서 임금 총액을 기준으로 기본급

등의 인상률과 각종 수당의 증액, 단체협약상의 통상임금을 전제로 한 법정수당의 규모 등을 정하였던 것으로 볼 수 있다.

또한, 이 사건 청구기간 중 피고에 재직하였던 이 사건 노동조합의 조합원이 약 1052명이 달하는데, 이들의 연장·야간·휴일 근로 등 초과근로가 적지 않은 시간 이루어지고, 이 사건 정기상여금이 연간 약정통상임금과 연장근로 15시간을 기준으로 750~800% 규모인 점에 비추어 볼 때, 이 사건 정기상여금을 통상임금에 산입할 경우 피고가 추가로 부담하게 될 초과근로에 대한 가산임금 등 법정수당의 규모는 임금 및 단체협약을 교섭할 당시에 노사가 상호 전제한 임금인상률을 훨씬 초과할 것으로 보인다.

다) 그러나 노사합의의 내용이 근로기준법의 강행규정을 위반한다는 이유로 그 노사합의의 무효를 주장하는 것에 대하여 신의칙을 우선하여 적용하는 것을 수긍할 수 있기 위해서는 근로자 측이 임금협상의 방법과 경위, 실질적인 목표와 결과 등은 도외시한 채 임금협상 당시 전혀 생각하지 못한 사유를 들어 정기상여금을 통상임금에 가산하고 이를 토대로 추가적인 법정수당 등의 지급을 구함으로써, 노사가 합의한 임금수준을 훨씬 초과하는 예상외의 이익을 추구할 뿐 아니라, 이로 말미암아 사용자에게 예측하지 못한 새로운 재정적 부담을 지워 중대한 경영상의 어려움을 초래하거나 기업의 존립을 위태롭게 한다는 점이 인정되어야 한다(대법원 2013.12.18. 선고 2012다89399 전원합의체 판결 참조). 그리고 이러한 '기업의 중대한 경영상의 어려움'은 근로자의 추가적인 법정수당 청구가 기업의 재정상태나 경영상태 등에 비추어 감당할 수 있는 정도인지를 기준으로 하여 현저히 형평에 반하는 결과가 발생하는 경우에만 신의칙을 적용하도록 함으로써 신의칙이 무한정 확대 적용되는 것을 방지하기 위하여 필요한 요건이라고 볼 수 있다(위 전원합의체 판결 중 보충의견 참조).

그런데 앞서 든 증거 및 변론 전체의 취지를 종합하여 보면, 피고가 원고들과의 이 사건 소송 결과에 따라 이 사건 노동조합 조합원들에게 추가로 부담하여야 할 이 사건 청구기간 중의 이 사건 법정수당과 중간정산퇴직금 차액은 약 177억 300만 원 가량일 것으로 추산되고(피고는 단체협약상 근로조건을 기준으로 예상부담금액을 추산하면 2010년분 약 46억 원, 2011년분 151억 원, 2012년분 142억 원, 2013년분 123억 원의 합계 약 464억 원이 추가로 지출된 법정수당 등에 해당한다고 주장하나, 피고가 이 사건 법정수당 등의 청구로 부담하여야 할 예상금액은 근로기준법이 정한 최소기준에 따라 차액을 구할 수 있는 부분을 기준으로 산정되어야 하는 점, 원고들 30명의 이 사건 법정수당 등의 인용금액이 합계 약 6억 5,000여 만 원에 불과한 점, 피고가 제1심에서는 위 예상부담금액이 약 177억 300만 원 가량이라고 주장하였고, 이 사건 소송 후 영업외비용으로 지불할 이 사건 법정수당 등을 약 177억 300만 원으로 회계처리한 점 등에 비추어 보면, 피고의 위 주장은 받아들일 수 없다), 이 금액에 수반하여 지출하여야 할 사회보험료 분담금(피고 주장에 따를 때 급여의 10% 이내 수준이다)을 고려하더라도 피고가 추가로 부담하여야 할 금액은 약 200억 원을 초과하지 않을 것으로 보인다(피고는 이 사건 정기상여금 반영에 따른 2014년도 부담액과 법정지연이자까지 예상부담금액으로 감안하여야 한다고 주장하나, 대법원이 전원합의체 판결로 정기적·일률적·고정적으로 지급되는 정기상여금이 통상임금에 해당함을 명확하게 선언한 2013.12.18. 이후의 부담액이나 피고의 이행지체에 따라 부과되는 법정지연이자는 신의칙 위반 여부를 심리하는 데에 있어 별도로 감안할 사항이 아니라고 본다).

이러한 예상부담금액은 피고의 2009~2013년 당기순이익의 합계 약 1,500여 억 원의 13% 가량에 불과하고, 이 사건 소송이 제기된 2013년 당기순이익의 40% 이내 수준이며, 피고는 2014년 위 예상부담금액 중 약 177억 300만 원을 영업외비용으로 처리하고도 약 61억여 원의 당기순이익을 올렸다.

이러한 사정에 비추어 보면, 원고들의 이 사건 청구로 말미암아 피고에게 예측하지 못한 새로운 재정적 부담을 지워 중대한 경영상의 어려움을 초래하거나 기업의 존립이 위태롭게 되어 근로기준법의 강행규정성에도 불구하고 신의칙을 우선하여 적용하는 것을 수긍할 만한 특별한 사정이 있다고는 보기 어렵다(피고는 이 사건 청구로 인하여 피고의 신용등급이 하락하고 이로 인하여 자금차입이나 경쟁입찰 등에서 문제가 발생하는 등 심각한 경영위기에 처하게 되었다고 주장하나, 앞서 든 증거에 나타난 피고의 영업이익의 추이와 경영상태, 재정상황 등에 비추어 보면 피고가 주장하는 정도의 신용등급 하락의 사정만으로 피고에게 '기업의 중대한 경영상의 어려움'이 발생할 것이라고는 보기 어렵다).

2. 검토

동 대법원 판결은 통상임금에 관한 소송으로서, 첫째, 강행법규 위반 시에 신의칙의 적용 가부 및 둘째, 이 사건 정기상여금의 통상임금성이 문제되었다. 여기에서 강행법규 위반 시에 신의칙의 적용 가부와 관련하여 동 대법원 판결은 '대법원 2013.12.18. 선고 2012다89399 전원합의체 판결'이 제시하는 일반요건 3가지와 특별한 사정 4가지를 결과적으로 별다른 비판이나 면밀한 분석 없이 판시 문언(文言) 그대로 따르고 있다. 말하자면 동 대법원 판결도 다른 관련 판결들과 마찬가지로, 강행법규 위반 시에 신의칙이 적용될 것인지 여부를, 신의칙의 본질이 아닌, 추가 법정수당 청구로 인해 사용자 측에 중대한 경영상의 어려움 내지 기업 존립의 위태로움이 야기되는지를 결정적 기준으로 삼아 판단하고 있는 것이다. 따라서 동 대법원 판결에 대해서도 통상임금 소송에서 신의칙의 적용 가부를 이른바 '경영상 지표'에 근거하여 판단하는 다른 판결들에 대한 비판이 그대로 가능하게 되었다.

우선 동 대법원 판결은 강행법규 위반 시에 신의칙의 적용 가부를 판단함에 있어서 원심(대전고법 2016.1.14. 선고 2015나500 판결)의 판단이 신의칙에 대한 법리를 오해한 잘못이 없다고 하면서 원심의 결정을 그대로 인용하였다. 그러나 이에는 수긍하기 어렵다.

원심의 판단을 살펴보면, 강행법규와 신의칙의 적용상 우위를 판단함에 있어서, (i) 원칙과 예외의 기본적인 법리를 적합하고 타당하게 설명을 하면서도, (ii) 막상 신의칙의 적용 가부를 결정해야 하는 시점에서는 신의칙의 본질이 아닌 '사후적이고 외부적이며 파생적인 우연한 사정 내지 사실관계'인 경영상 지표, 즉 추가 법정수당 청구로 인한 중대한 경영상의 어려움 내지 기업 존립의 위태로움을 기준으로 하여 결정적으로 판단하고 있다. 앞서 강조되었듯이, 이러한 판단기준은 법률적 판단규준과 무관한 우연성(Zufälligkeit)이 그 본질을 이루고 있기 때문에, 이러한 우연성(Zufälligkeit)이 법적 정당성의 판단에 개입하게 되는 경우에는 오히려 동일한 권리행사임에도 불구하고 결과적으로 야기되는 중대한 경영상의 어려움 내지 기업 존립의 위태로움과 이를 바라보는 법관의 자의적 시각에 의해서 당해 권리의 인정 여부가 상충하게 되는 부당한 결론을 낳게 된다.

또한 경영적인 지표를 신의칙 적용 가부의 결정 기준으로 삼는 법원의 태도를 존중한다고 하더라도, 법원이 기업의 재정적 위기, 복잡한 경영상황, 산업의 생태적 위기 및 현재와 장래의 내・외부적인 유・불리한 경제상황 등을 종합적으로 평가하여 판단하기에는 명백한 한계가 있을 수밖에 없다.

더욱이 현시점에서 그와 같은 판단이 가능하다고 가정하더라도, 오늘날과 같이 급변하는 세계 경제상황 속에서 당장 내일 어떠한 경제적・경영적 변화와 결과가 야기될지 예측하기란 '경제학적 관점'에서도 결코 쉽지 않다. 따라서 하물며 이에 대한 「법률적 판단」은 더더욱 지양되어야 한다. 왜냐하면 불확실성 내지 불확정성에 근거한 「법률적 판단」으로 인해 이해관계 있는 일방 당사자의 법적 보호가치 있는 신뢰가 침해되거나, 그에게 예상치 못한 불이익이 초래되어서는 안 되기 때문이다. 만약 이것이 허용된다면 전체 법질서(Rechtsordnung)의 근간을 이루는 법적 안정성(Rechtssicherheit)과 신뢰보호(Vertrauensschutz)는 파괴될 수밖에 없을 것이다. 법적 안정성과 신뢰보호의 파괴는 종국적으로 그 사회의 법질서가 무너지는 결과를 낳게 된다.

따라서 동 대법원 판결은, 전체 법질서의 근간을 이루는 법적 안정성과 신뢰보호라는 관점에서, '통상임금 소송에서 신의칙 적용 판단기준', 즉 통상임금 소송과 관련하여 강행법규 위반 시에 신의칙 적용기준으로서 제시하고 있는 '원칙적인 일반 요건 3가지'와 '예외적인 특별한 사정 4가지'의 의의 및 각 기준들 간의 관계성을 신중하고 세밀하게 분석적으로 이해하여 제시했어야 함에도 불구하고, 원심판단을 아무런 검토나 분석 없이 그대로 인용하고 있다는 데 한계가 있는 것이다.

요컨대 동 대법원 판결은 원심의 신중하지 아니한 경솔한 판단이 '필요한 심리'를 다하지 아니한 채 논리와 경험의 법칙을 위반하여 자유심증주의의 한계를 벗어났거나, 또는 원심 판단에는 '신의칙에 대한 법리'를 오해한 잘못이 있음을 지적하고 원심을 파기환송해야만 했다. 그럼에도 불구하고 원심의 판단을 그대로 인용한 것은 매우 유감스러운 판단으로 생각되며, 대법원 스스로가 그 기능과 역할을 저버린 것은 아닌지 심히 의구심이 들지 않을 수 없다.

Ⅱ 보쉬전장 사건 판결

◦ 대법원 2018.12.27. 선고 2016다39538 ; 2016다39545 판결

1. 하급심의 판단

1) 원심판결 : 대전고법 2016.8.18. 선고 2015나791 임금, 2015나807(병합) 임금(신의칙 부정)
2) 제1심 판결 : 대전지법 2015.2.11. 선고 2013가합1789, 3877(병합) 판결(신의칙 긍정)

2. 평가

동 대법원 판결에서는 "피고의 나머지 상고이유에 대한 판단을 생략한 채 원심판결을 파기하고, 사건을 다시 심리·판단하도록 원심법원에 환송하기로 한다."고 판시함으로써 통상임금 소송에서 신의칙 적용 판단기준, 즉 강행법규와 신의칙의 적용상 우위와 관련하여 판단을 하지 않고 있다.

그러나 오늘날 우리 경제와 산업에서 통상임금 소송이 가지는 엄중함을 고려하면 동 대법원 판결에서 신의칙의 적용 가부에 대해 전혀 심리하지 아니한 채 원심판결을 파기환송해버린 것은 대법원 판결이 사법질서 전체에서 차지하는 위상을 생각할 때 매우 유감스러운 판단태도라고 할 것이다.

참고문헌

국내문헌

고영남, "통상임금 노사합의의 효력 - 근로기준법과 신의칙, 그리고 부당이득 -", 「민주법학」 제54호, 2014.

김성권, "강행법규를 위반한 통상임금 합의와 신의성실원칙의 적용", 「노동법논총」 제31집, 2014.

김제완, "통상임금성을 배제하는 노사합의와 신의칙", 「인권과 정의」 Vol. 443, 2014.

김형배, 「새로 쓴 노동법」, 박영사, 2017.

김희성, "통상임금 소송에서 신의칙 적용 판단기준 - 대상판결 : 울산지방법원 2018.5.30. 선고 2015가합2351 판결(현대중공업사건)-", 「경영법률」 제29집 제1호, 2018.10.

김희성/성대규, "이른바 '추가 법정수당 청구권'의 인정 가부 - 「모순행위금지원칙」에 의한 배척 가능성 -", 「강원법학」 제53권, 2018.2.

김희성/성대규, "추가 법정수당 청구 시 신의칙(모순행위금지원칙) 적용 여부에 대한 하급심 판결들의 태도와 평가", 「사회법연구」 제34호, 2018.4.

박동진, "신의칙과 권리남용금지원칙의 가족법관계에서의 적용", 「가족법연구」 제19권 제1호, 2005.

박상언, "강행법규에 위배된 합의의 무효 주장과 신의성실의 원칙", 「민사판례연구」 제37권, 2015.2.

박은정, "강행법규를 위반한 통상임금 노사합의와 신의성실의 원칙", 「인권과 정의」 Vol. 443, 2014.

박지순, "통상임금 소송에서 신의성실 원칙의 적용에 관한 연구", 「안암법학」 제56권, 2018.

박지순, "통상임금 관련 노사합의에 대한 신의칙 적용상의 쟁점", 「계약과 책임」, 하경효 교수 정년기념논문집, 박영사, 2017.

이상곤, "노동법상 신의칙 적용에 관한 연구", 「중소기업과 법」 제8권 제2호, 2017.

이선신, "신의칙에 의한 임금청구권의 부인의 문제점 검토 - 대법원 2013.12.18. 선고 2012다89399 판결에 대해 -", 「안암법학」 제45권, 2014.

전경근, "강행법규위반과 모순행위 금지", 「고시연구」 제27권 제10호, 2000.10.

조남택, "기아차 통상임금 판결의 분석", 「노동법이론실무학회 월례판례포럼」, 2017.10.18.

통상임금산정지침, 고용노동부예규 제47호.

국외문헌

Jauernig, Othmar(Begr.)/Stürner, Rolf(Hrsg.) : Bürgerliches Gesetzbuch : mit Allgemeinem Gleichbehandlungsgesetz(Auszug) : Kommentar, 16. Auflage, 2015, BGB (zit. : Jauernig/Bearbeiter)

Küpper, Wolfgang, "Das Scheitern von Vertragsverhandlungen als Fallgruppe der culpa in contrahendo", 1988

Münchener Kommentar zum Bürgerlichen Gesetzbuch, Band 2, 7. Auflag, 2016 (zit. : MüKoBGB/Bearbeiter)

Staudinger, Julius von(Begr.) : Staudingers Kommentar zum Bürgerlichen Gesetzbuch mit Einführungsgesetz und Nebengesetzen (zit. : Staudinger/ Bearbeiter), 2014

Soergel, Hans Theodor : Bürgerliches Gesetzbuch mit Einführungsgesetz und Nebengesetzen (zit. : Soergel/Bearbeiter), 1990

Thomas, Kühn, "Die Anwendbarkeit des Grundsatzes venire contra factum proprium im Arbeitsrecht", in NZA 2008

찾아보기

ㄷ

ㅁ

ㅂ

ㅅ

판례색인

저자약력

김희성은

고려대학교 법학과를 졸업하고 동 대학원에서 "노동형태의 변화와 노동법의 유연화에 대한 연구"로 법학박사(Dr. iur.) 학위를 취득했으며, 현재 강원대학교 법학전문대학원 교수로 재직 중이다.

주요 경력으로는

(사)한국비교노동법학회 회장을 역임했으며, 현재 한국고용노사관계학회와 노동법이론실무학회 및 한국사회법학회 부회장, 경기지방노동위원회 공익위원, 강원도소청심사위원회 위원장, 경제사회노동위원회 노사관계제도·관행개선위원회 공익위원으로 재임하고 있다.

주요 저서로는

"노동사회의 변화와 노동법", "집단적 노사관계법 -이론과 판례-", "노동법연습", "해고개혁(역서)" 등이 있으며,

주요 논문으로는

"철강산업에서의 전산(MES)시스템을 통한 작업수행과 원청(도급업체)의 지시권", "파견법상 고용간주조항과 고용의무조항의 법적효과에 대한 재검토", "해고법제의 개선방향" 등 다수의 논문이 있다.

성대규는

독일 Martin-Luther대학교에서 "Die rechtliche Einordnung und der Umfang der Schadensersatzhaftung aus dem Abbruch von Vertragsverhandlungen(계약교섭의 중단으로 인한 손해배상책임의 법적 성질과 범위)"라는 주제로 법학박사(Dr. iur.) 학위를 취득했으며, 현재 고려대학교 법학연구원 전임연구원, 고려대학교 법학전문대학원 시간강사, 강원대학교 법학전문대학원과 일반대학원 시간강사, 대구가톨릭대학교 법학과 외래교수로 재직중이다.

주요논문으로는

"인적관계성에 따른 채무(Schuld)의 내용", "사용자배상책임에 있어서 구상권의 제한 -타인의 행위에 대한 책임법리-" 등이 있다.